Nina Held

Spielanlässe zur Erstellung von Bildungsdokumentationen

Spielerische Angebote für gezieltes Beobachten und Dokumentieren in der Kita

Illustrationen: Kasia Sander

Ökotopia Verlag, Münster

Impressum

Autorin	Nina Held
Illustrationen	Kasia Sander
Satz	Hain-Team, Bad Zwischenahn
Notensatz	Ja.Ro-Music, Taunusstein
ISBN	978-3-86702-114-2

© 2010 Ökotopia Verlag, Münster

1 2 3 4 5 6 7 8 · 16 15 14 13 12 11 10

GABIP – Die Software zum Buch

ISBN GABIP 1
978-3-86702-131-9

ISBN GABIP 2
978-3-86702-132-6

Zum vorliegenden Buch gibt es die Software **GABIP** – das **Ga**nzheitliche **Bi**ldungsdokumentations-**P**rogramm. Mit **GABIP** können professionelle Bildungsdokumentationen in Krippe, Kita, Familienzentrum, OGS und von Tagesmüttern und -vätern erstellt werden. Von Portfolios über Lerngeschichten und Soziogramme bis hin zu Entwicklungsberichten bietet **GABIP** zahlreiche Möglichkeiten für gelingende Bildungsdokumentationen – eine optimale Ergänzung zu den Praxisangeboten in diesem Buch! Für eine bedarfsgerechte Nutzung gibt es verschiedene CD-ROM- und Download-Versionen für unterschiedliche Altersbereiche und pädagogische Zielgruppen. Weitere Infos finden Sie auf S. 14, im Anhang des Buches und unter **www.gabip.de**

Danksagung

Ich möchte mich bei so vielen Leuten bedanken, die immer zu mir gehalten, mich unterstützt und an mich geglaubt haben. Ihr habt diese Zeilen hier verdient!

Danke an meine Eltern und an meine Brüder Chris und Lukas, die als Erstleser herhalten mussten. Ihr habt mir viel Zeit zum Schreiben freigeschaufelt. Ich habe euch viel zu verdanken. Ihr seid die Besten.

Auch danke an Stefan Köhler-Holle. Ich habe dich zwar nie in natura gesehen, aber du hast mich stets inspiriert und bist ein toller Ideengeber und Korrekturleser. Schön dich zu kennen. Auf weitere inspirierende Mails und Projekte.

Ebenfalls danke an Yvonne Kamp, Yvonne Wagner und Bianca Pütz, die mir immer mit ihrem Rat und ihrer Hilfe zur Seite standen. Danke schön!

Ebenso danke an Sonja Messing, die in ihrem Kindergarten viele Spiele und Aktivitäten ausprobiert hat und mir immer ein positives Feedback geben konnte.

Natürlich hat das August-Vetter-Berufskolleg in Bocholt, an dem ich meine Ausbildung gemacht habe, viele Ideen, Grundlagen und Inspirationen beigesteuert. War nett bei euch.

Vielen Dank an Theo Grunden, der meine musikalischen Ergüsse noch einmal in die richtige Form gebracht hat. Schön, dass du Zeit dafür hattest.

Danke, Otto Sommer, dass du mir seit 15 Jahren Gitarrenunterricht gibst! Durch dich habe ich den Bezug zur Musik behalten.

Natürlich bedanke ich mich auch herzlich bei meiner Arbeitsstelle, dem Kindergarten St. Ludger in Holtwick. Ihr habt mir immer alle Freiheiten gegeben Neues auszuprobieren und umzusetzen und Gedanken und Ideen mit mir ausgetauscht. Danke an Maria Denming, Jeanette Brüninghoff, Marianne Hobiger und Agnes Mülleneisen.

Danke an den Ökotopia Verlag, an Wolfgang Hoffmann, Stefan Scholz und meine Lektorin Katrin Röntgen, ihr habt mich so herzlich aufgenommen. Meine Ideen wurden aufgegriffen und ihr habt mich sehr bestätigt und unterstützt. Ihr seid super!

Vielen lieben Dank an meinen Mann, ohne den ich es nie gewagt und geschafft hätte, ein Buch zu schreiben. Du hast mich immer bestätigt, mir Selbstvertrauen gegeben und zu mir gehalten. Ohne dich gäbe es kein Buch, nur eine lose Blättersammlung in unserem Büro. Ich hoffe, dass ich hier niemanden vergessen habe – und wenn doch, hier noch mal ein großes Dankeschön an alle!

Nina Held

Inhalt

Einleitung

Liebe ErzieherInnen und PädagogInnen,

in den letzten Jahren gab es viele Veränderungen im elementarpädagogischen Bereich. Hier möchte ich besonders die Dokumentationsarbeit herausstellen.

In der Bildungsvereinbarung NRW werden, wie auch in anderen Bildungsplänen für Kitas, die Beobachtung und die Dokumentation als Pflichtaufgaben sozialpädagogischer Fachkräfte benannt. Im Laufe meiner Tätigkeit als Erzieherin, Fortbildungsreferentin und Softwareentwicklerin habe ich mich intensiv mit diesem Thema und der praktischen Umsetzung auseinandergesetzt. Ausschlaggebend für mein Engagement in diesem Bereich waren die Umsetzung der Dokumentationsarbeit trotz knapper Zeit- und Personalressourcen und der Wille, den kindlichen Bedürfnissen im Hinblick auf Beobachtung und Dokumentation gerecht zu werden.

Die hier vorgestellte Dokumentationsform hebt deshalb den Wert des Spiels besonders hervor. In der heutigen so bildungsoffensiven, oft immer noch durch frontale Wissensvermittlung geprägten Zeit, sollte das Augenmerk noch einmal verstärkt auf die Wichtigkeit des Spielens für Kinder gelenkt werden. Deshalb sind die speziell auf die Dokumentationstabellen zugeschnittenen Spielangebote der Schwerpunkt dieses Buches. Mithilfe der Spiele lassen sich die für Bildungsdokumentationen notwendigen Beobachtungssituationen schaffen, ohne die Kinder in eine unangenehme Testsituation zu bringen.

Wenn wir den kindlichen Bedürfnissen gerecht werden wollen, müssen die Beobachtungen im Alltag in spielerischen Zusammenhängen gemacht werden. Es geht dabei nicht um das Einfordern von Leistungsnachweisen, sondern um einen aufmerksamen und wertschätzenden Blick auf jedes einzelne Kind, vor allem auf seine Fähigkeiten, Talente und Stärken. Um diese wahrnehmen, nachhaltig unterstützen und fördern zu können, eignet sich nichts besser als der für Kinder selbstverständliche Zugang zur Welt: das Spiel

Beobachten und dokumentieren

Im Laufe der Kindergartenzeit wird der Entwicklungsstand jedes Kindes in einer Bildungsdokumentation festgehalten. Die Bildungsdokumentation ist Bestandteil der seit dem 1. 8. 2003 in NRW gültigen Bildungsvereinbarung. Die Bildungspläne der einzelnen Bundesländer geben vor, welche Kompetenzen und Lernziele die Kinder erreichen sollen. Sie sollen ErzieherInnen einen Leitfaden zur Qualitätssicherung bieten und dazu anregen, Kinder individuell und ganzheitlich zu fördern und zu fordern (vgl. Wagner 2009, S. 40). **Die Bildungsdokumentation dient allen Beteiligten: Eltern, Kindern und ErzieherInnen!** Die Eltern können sich anhand der Dokumentation immer wieder über den Bildungsstand und die Bildungsprozesse ihres Kindes informieren. Die Bildungsdokumentation kommt darüber hinaus den Kindern selbst zugute. Es geht um Beachtung und um fachliches und persönliches Interesse der ErzieherInnen an dem, was das Kind tut, und daran, wie es dies tut. Diese Beachtung soll das Kind als anerkennende Resonanz erleben. ErzieherInnen können auf dieser Basis ihr pädagogisches Handeln für die Weiterentwicklung des Kindes abstimmen. Durch die Bildungsdokumentation hat außerdem die Einrichtung die Möglichkeit, die eigene pädagogische Arbeit darzustellen und diese als unterstützendes Element zur Qualitätsentwicklung zu nutzen (vgl. AG gem. § 78 KJHG „Tagesbetreuung für Kinder – Eckpunkte der Bildungsdokumentation", Juni 2005 **www.eltern-hefen-eltern.org/service/eckpunktederbildungsdokumentation.pdf.**

Daneben gibt es auch **kritische Anmerkungen** zur Dokumentationsarbeit. Nimmt die ständige Beobachtung und die Dokumentation den Kindern ihre Privatsphäre? Überspitzt gesagt: ErzieherInnen, die Kinder ständig mit Notizblock, Video- und Digitalkamera verfolgen, nehmen ihnen ihre Freiräume, denn Kinder brauchen einen ungestörten Ort, um sich zu entfalten und zu entwickeln. Die Dokumentationsarbeit sollte also nicht in übertriebene „**Dokumentationswut**" ausarten. Den Kindern muss regelmäßig die Möglichkeit eingeräumt werden, allein und unbeobachtet zu spielen. Auch ErzieherInnen müssen die Gelegenheit haben, sich entspannt mit den Kindern zusammen einer Aktivität zu widmen, ohne unter dem ständigen Druck zu stehen etwas schriftlich festhalten zu müssen.

Das Dokumentieren darf außerdem nicht in ein Wetteifern ausarten, wer in kürzester Zeit die meisten Erkenntnisse, Bilder, Stärken, Entwicklungsschritte, Fotos etc. über ein Kind gesammelt hat. Stattdessen soll das Potenzial der Dokumentation, Reflexion und Erkenntnis anzuregen, genutzt werden. Sie soll Spaß machen, anregen sich weiterzubilden, sich selbst zu reflektieren und den Bedürfnissen der Kinder gerecht werden (vgl. Wagner 2009, S. 14).

Kritik wird oft im Hinblick auf die zur Verfügung stehenden **Zeitressourcen** geübt. Einrichtungen sollen die Bildungspläne oft kostenneutral umsetzen, also ohne zusätzliches Stundenkontingent, Personal oder Material. Eine gelungene Bildungsdokumentation aber braucht Zeit: Vor- und Nachbereitungszeit der pädagogischen Fachkräfte, Beobachtungszeit am Kind, Zeit für die schriftliche Dokumentation selbst, für die Abstimmung des pädagogischen Handelns auf der Grundlage der Bildungsdokumentation u. v. m. Hier muss der Träger sensibilisiert und die Wichtigkeit der Bereitstellung von Zeitressourcen besprochen werden. Gegebenenfalls ist eine Umstrukturierung des pädagogischen Alltags nötig und sinnvoll.

Auch in der Ausbildung neuer pädagogischer Fachkräfte muss die Dokumentationsarbeit einen wichtigen Stellenwert einnehmen. Formulierungshilfen bei der Dokumentationsarbeit, die Wichtigkeit des kindlichen Spiels, Umgang mit Kritik, Zeitmanagement etc. sollten hier Thema sein. Auch die Politik ist zum Handeln aufgerufen, Geld und somit auch Zeit in die elementarpädagogische Arbeit zu investieren. ErzieherInnen müssen ihren Standpunkt klar vertreten, ihre wertvolle, anerkennungswürdige Arbeit nach außen tragen und für den Ausbau, die Anerkennung und Wichtigkeit der pädagogischen Arbeit eintreten. So können sie langfristig effektive und sinnvolle Dokumentationsarbeit gewährleisten.

Beobachtung als Voraussetzung

Die Voraussetzung für eine Dokumentation ist die objektive und wertfreie Beobachtung einer Situation und die Rücksprache mit den KollegInnen im Team. Der **Austausch mit den KollegInnen** ist sehr wertvoll, denn unterschiedliche Sichtweisen erweitern den Blick auf das Kind. Vielleicht nehmen die KollegInnen das Kind ganz anders wahr? Warum ist das so? Gibt es

Vorurteile gegenüber dem Kind? Erleben die KollegInnen das Kind anders, da sie es in anderen Zusammenhängen beobachten? Vielleicht gibt es aber auch Überschneidungen in den Sichtweisen?

Beispiel: Kollegin A ist für das nachmittägliche Turnen verantwortlich. Hier erlebt sie die vierjährige Lea ausgelassen, zufrieden, fröhlich, engagiert und aufgeschlossen. Kollegin B hat ihren Schwerpunkt im Bereich Ruheübungen, Meditation, Massage. Sie erlebt Lea hier unruhig, unkonzentriert, verweigernd und verschlossen. Kollegin B schließt evtl. daraus, dass sich Lea in allen Bereichen so verhält. Das Gespräch mit Kollegin A lässt sie diesen Schluss überdenken. Sie nimmt sich vor, Lea in der nächsten Zeit in vielen verschiedenen Situationen zu beobachten.

Diese Gespräche und Selbstreflexionen helfen, ein Kind **so objektiv wie möglich** wahrzunehmen. Eine völlig wertfreie, objektive Beobachtung dagegen erreicht allenfalls eine Videokamera. Diese Form von „absoluter Objektivität" lässt sich also im Alltag nicht erreichen, aber das Ziel sollte es sein, so nahe wie möglich an dieses Ideal heranzukommen. Auf der Grundlage dieser Beobachtungen lassen sich dann Reflexionen erstellen und pädagogisches Handeln abstimmen.

Ein weiteres Ziel ist es, möglichst **ressourcenorientiert** zu beobachten und defizitorientierte Beobachtungen zu vermeiden. Die Stärken, Talente und Interessen der Kinder sollten im Mittelpunkt der Beobachtung stehen, denn darüber lassen sich ggf. auch die schwächeren Entwicklungsbereiche fördern.

Beispiel: Murat, fünf Jahre, zeigt großes handwerkliches Geschick. Er hält sich gern im Werkraum auf und hantiert mit Hammer, Nagel & Co. Es entstehen Schiffe, Flugzeuge und Häuser. Im Malbereich ist Murat kaum anzutreffen. Es fällt ihm schwer, einen Stift korrekt zu halten und einen angemessenen Druck auf das Papier zu übertragen. Seine Erzieherin macht sich sein Interesse für den Werkraum zunutze, indem sie Murat motiviert, eine Bauzeichnung für seine Objekte anzufertigen, die er im Werkraum bauen möchte. Murat ist begeistert: Er zeichnet das Modell eines Raumschiffs und baut es nach der Zeichnung. Sein Interesse für Bauzeichnungen ist geweckt und er setzt sie gezielt ein. Seine Druckausübung auf Stifte und die Handhaltung beim Zeichnen verbessern sich zusehends.

Bei der Schaffung von Beobachtungssituationen ist darüber hinaus zu bedenken: Der erste Eindruck lässt noch keine Rückschlüsse auf das komplette Verhalten eines Kindes zu. Vielmehr ergeben **mehrere Beobachtungen über einen längeren Zeitraum verteilt,** in unterschiedlichen Situationen und Begebenheiten, mit unterschiedlichen Materialien und Personen erst ein genaueres Bild des Kindes.

Natürlich ist auch das **Alter ein wesentlicher Faktor:** Ist das beobachtete Verhalten altersentsprechend? Verlange ich vielleicht zu viel von einem Kind? Wie verhalten sich andere Kinder in diesem Alter? Habe ich individuelle Entwicklungsschritte beachtet? Muss das Kind, entwicklungspsychologisch gesehen, diese Aufgabe überhaupt meistern können? Vielleicht steckt es gerade sehr viel Energie in die Erweiterung seiner Sprachkompetenz und stellt deshalb andere Bereiche im Moment unbewusst etwas zurück?

Sollte es Bedenken in Bezug auf die altersentsprechende Entwicklung eines Kindes geben, erstellen die ErzieherInnen selbst keine Diagnose, sondern beziehen in Absprache mit den Eltern spezielle Institutionen und Fachleute ein, z. B. KinderärztInnen, SPZ, Frühförderstellen, LogopädInnen etc.

So tragen ErzieherInnen durch aufmerksame und differenzierte Beobachtungen zu einer Qualitätssicherung ihrer eigenen pädagogischen Arbeit im Sinne der Kinder bei und sorgen gleichzeitig bei Auffälligkeiten für eine fachlich kompetente Unterstützung von außen.

Verschiedene Dokumentationsformen

Es ist wünschenswert und aus meiner Sicht sinnvoll, wenn die Bildungsdokumentation **eine kleine Biografie** über den Lebensabschnitt des Kindes im Kindergarten darstellt. Die Dokumentation soll das Kind während dieser Zeit begleiten und wichtige Ereignisse und Phasen in seinem Leben, Vorlieben, Interessen und Stärken festhalten, z. B. Freunde, Lieblingsspielzeuge, wichtige Entwicklungsschritte wie das Schreiben des eigenen Namens, das Binden einer Schleife etc.

Hierzu einige Anregungen: Das Team überlegt sich gemeinsam, was ihm an einer Dokumentation wichtig erscheint. Möchte es den reinen Entwicklungsstand der Kinder anhand eines selbst formulierten Textes oder durch einen Ankreuzbogen dokumentieren – altersentsprechendes Hüpfen, Sprechen, Mengenverständnis etc. – oder möchte es sich an Bildungs- und Lerngeschichten oder Portfolioarbeit orientieren? Vielleicht kommt auch eine andere gebräuchliche Dokumentationsform in Frage wie z. B. Kuno Bellers Entwicklungstabelle (Beller 2000), validierte Grenzsteine der Entwicklung (Laewen 2000), Leuvener Engagiertheitsskala (**www.leuvener-engagiertheitsskala.de**) etc. (Weitere Informationen über gebräuchliche Dokumentationsformen: Schubert-Suffrian 2009, S. 12 ff.)

Im Folgenden werden drei Formen kurz beschrieben, mit denen ich sehr gute Erfahrungen gemacht habe.
Die **„Lerngeschichte"** ist eine Methode zum Erfassen und Bewerten von Bildungsprozessen, die von der Wissenschaftlerin Margret Carr Ende der 90er Jahre in Neuseeland entwickelt wurde. Ziel ist es, die Bildungs- und Lernwege von Kindern zu verstehen, Kinder zu unterstützen und ihnen schrittweise eine immer differenziertere Partizipation zu ermöglichen. Unter dem Gesichtspunkt der fünf Lerndispositionen (interessiert sein, engagiert sein, Standhalten bei Herausforderungen und Schwierigkeiten, sich ausdrücken und mitteilen, an einer Lerngemeinschaft mitwirken und Verantwortung übernehmen), wird eine Geschichte über das Verhalten des Kindes in verschiedenen Situationen erzählt (vgl. Leu u. a. 2007, S. 48 ff.). Bestandteil können z. B. „Fotoberichte" (➔ S. 9) sein, die mit der entsprechenden Bildungsgeschichte versehen werden.

„Portfolio" heißt frei übersetzt „zusammengetragene Blätter". Portfolios gibt es in vielen Bereichen der Arbeitswelt, besonders in der Wirtschaft und bei KünstlerInnen. Sie nutzen das Portfolio, um ihre Stärken darzustellen.
Für den Bildungsbereich wurde der Begriff in Deutschland vermutlich erstmals in den 1990er Jahren übernommen. Mit der Bildungsreform entstanden vielerorts neue Bewertungsmöglichkeiten in der Schule. Angeregt durch „Assessment-Portfolios" im englischsprachigen Raum fand schließlich auch in Deutschland die Portfoliomethode erste Anhänger (vgl. Wagner 2009, S. 8).
Portfolios eignen sich dazu, die Bildungsdokumentation durch Fotos, Kinder- und Elterninterviews, Lieblingslisten, Steckbriefe oder Kompetenzkarten (➔ S. 11) aufzulockern, zu erweitern und den ressourcenorientierten Blick auf die Entwicklung des Kindes zu schulen. Weitere Informationen unter **www.bildungsfor schung.org/Archiv/2007-01/portfolio**

Jede Dokumentationsform birgt ihre Vor- und Nachteile. Lerngeschichten und Portfolios sind besonders in der Einarbeitungsphase sehr zeitintensiv, deshalb muss das gesamte Team hinter dieser Form der Dokumentation stehen. Es setzt außerdem voraus, dass die ErzieherInnen ihre Beobachtungen in kurzen Sätzen selbstständig formulieren und sich in die für sie ggf. ungewohnte schriftliche Form einarbeiten.
Portfolios und Lerngeschichten haben den großen Vorteil, dass sie sehr nah am Kind sind. Sie stellen die Interessen, Talente und Stärken des Kindes in den Vordergrund und spiegeln eine große Bandbreite der kindlichen Lebenswelt wieder. Jedes Kind gestaltet dabei außerdem seine eigene Dokumentation mit. Dadurch fühlt es sich wertgeschätzt und ernst genommen.

Die Erfassung des Entwicklungsstandes eines Kindes durch **„Ankreuzbögen"** dagegen ist weniger zeitintensiv: Es müssen keine Sätze oder Geschichten ausformuliert werden und es lässt sich schnell eine Übersicht gewinnen, da nicht erst Texte gelesen, sondern nur Kreuze überblickt werden müssen. Dadurch entsteht auch insgesamt deutlich weniger Papierwust.
Dafür sind diese Bögen oft sehr statisch und unflexibel. Außerdem ist der Blick auf die Kinder meist defizitorientiert und lässt wenig Differenzierungen in den Antworten zu, z. B.: *„Kann das Kind Roller fahren?"* – *„Nein"* – *„Ja"* – *„Unsicher"*. Die Bögen bieten somit auch keinen Raum für kindgerecht ausformulierte Texte.

Bildungsdokumentation als Bausteinsystem

Ich habe in meiner Arbeit sehr gute Erfahrungen mit der **Kombination verschiedener Elemente** gemacht, die ich hier als bewährte Bildungsdokumentationsform vorstelle. Damit die Zusammenstellung und Verwaltung der verschiedenen Elemente gut funktioniert und übersichtlich ist, werden drei Ordner-Typen angelegt.

Der **Ordner-Typ 1** ist ein einzelner Ordner für die ErzieherInnen. In diesen Ordner werden pädagogische Hilfsmittel für alle Kinder einer Gruppe geheftet, z. B. die Kopien der Dokumentationstabellen aus diesem Buch (vgl. S. 13 ff.), Notizen über Kinder oder Soziogramme. Diese Dinge sind hilfreich für die pädagogische Arbeit. Sie geben eine Übersicht über das Kontaktverhalten der Kinder (Soziogramm), helfen dabei, Entwicklungsbereiche zu erfassen (Tabellen) oder dienen als Grundlage bei Elterngesprächen.

Ordner-Typ 2 ist jeweils ein persönlicher Ordner für jedes Kind einer Gruppe. Diese Ordner sind für die Kinder jederzeit frei zugänglich. In ihren eigenen Ordner können sie Dinge heften, die ihnen persönlich wichtig sind, z. B. Gestaltungsarbeiten, gemalte Werke, Fotos von Bauwerken, die sie selbst hergestellt haben, Fotos ihrer Freunde etc.

Ordner-Typ 3 ist wiederum ein persönlicher Ordner für jedes Kind, in dem sich sensible Daten befinden. Diese Informationen werden nicht frei zugänglich aufbewahrt und unterliegen dem Datenschutz. Aus diesen Gründen befinden sich diese Ordner unter Verschluss. Hier werden abgeheftet:

- Die Einwilligungserklärung zur Bildungsdokumentation (s. u.);
- die Entwicklungsberichte (als pädagogisches Hilfsmittel werden die Tabellen aus diesem Buch verwendet, vgl. S. 13 ff.);
- Fotoberichte (s. u.);
- Einzelbeobachtungen (→ S. 10);
- Selbstportraits des Kindes (→ S. 10);
- Themenbilder des Kindes (→ S. 10);
- Portfolioblätter (→ S. 10);
- Protokolle von Elterngesprächen (→ S. 11) u. v. m.

Die Inhalte des Ordner-Typs 3 im Einzelnen:

Die **Einwilligungserklärung zur Bildungsdokumentation** wird von den Erziehungsberechtigten unterschrieben. Sie geben damit ihr Einverständnis, dass eine schriftliche Dokumentation über ihr Kind erstellt werden darf. Die Erziehungsberechtigten des Kindes können alle Bildungsdokumentations-Dokumente jederzeit auf Anfrage einsehen und darüber verfügen. Dazu gehört auch, die Einwilligung zur Dokumentation evtl. zu widerrufen. Daraus darf kein Nachteil für das Kind oder die Erziehungsberechtigten entstehen. Sollte das Kind die Einrichtung verlassen, wird dieser Dokumentationsordner den Erziehungsberechtigten ausgehändigt. Alle weiteren Informationen oder Dokumentationen über das Kind werden ebenfalls ausgehändigt, z. B. Ordner Typ 2, oder aus Datenschutzgründen vernichtet.

Fotoberichte bestehen aus Fotos von einem oder mehreren Gruppenkindern, die mit einem erklärenden Text versehen sind: Wer ist dort abgebildet? Welche Spielsituation ist zu sehen? Aus welchem Grund wurde das Foto gemacht? Gibt es eine Geschichte zu dem Foto? Was lernt das Kind in der abgebildeten Spielsituation?

Dazu können Texte erstellt werden, die das Foto aus der Sicht des Kindes beschreiben, z. B.: *„Das bin ich mit meinen Freunden Mia und Leon in der Puppenecke. Ich spiele hier sehr oft, denn hier kann ich mich verkleiden und in andere Rollen schlüpfen. Am liebsten spiele ich ,Mutter, Vater, Kind'. Auf dem Foto backe ich gerade einen Kuchen für meine Familie. Ich rühre selbstständig alle Zutaten in eine Schüssel. Die Schürze, die ich auf dem Foto trage, habe ich mir selbst umgebunden."*

Alternativ können Texte aus Sicht der ErzieherInnen geschrieben werden, z. B.: *„Heute haben wir beobachtet, dass du eine Sandburg gebaut hast. Wir haben beobachtet, dass dir besonders die Konsistenz des Sandes gefallen hat …"*

Oder die Texte geben exakt den Kommentar des Kindes zu diesem Foto wieder, um auch die Entwicklung des Sprachverhaltens zu verdeutlichen, z. B.: Ein Foto zeigt das Kind beim Frühstück. Es trinkt gerade Kakao. Der Kommentar des Kindes: *„Auf Foto, ich haben Durst."* Dieser Satz wird von der Erzieherin genauso unter das Foto geschrieben. Ein halbes Jahr später kommentiert das Kind das Foto beim Durchsehen der Mappe so: *„Ich trinke Kakao am Frühstückstisch."* Besonders bei Elterngesprächen lassen sich diese Fotoberichte gut einsetzen, um Eltern die Lernfortschritte ihres Kindes zu verdeutlichen.

Vielleicht ist den Kindern selbst auch etwas besonders wichtig, das sie fotografieren lassen wollen, z. B. ihren Bauturm, oder sie wünschen sich ein Foto gemeinsam mit ihrem besten Freund.

Eine eigene Digitalkamera ist hierbei unabdingbar. Die Fotoberichte sind eine zusätzliche Bereicherung für die Bildungsdokumentation und wirken der defizitorientierten Sichtweise entgegen. Wichtig ist es, den LeserInnen der Dokumentation, d. h. den Eltern, aber ggf. auch LehrerInnen, ÄrztInnen oder anderen Fachleuten, denen die Eltern die Dokumentation zugänglich machen möchten, die **Wichtigkeit des Spiels** in der fotografierten Situation näherzubringen. Die Fotos zeigen, wie wichtig es für Kinder ist, z. B. im Sand zu spielen, welche Kompetenzen hier geschult werden und wie viel Spaß, Engagement und Zufriedenheit Kinder in dieser Situation zeigen. Oft klammern sich gerade Eltern heutzutage aus Verunsicherung an gezielte Leistungsangebote. Hier soll das Augenmerk nochmal verstärkt auf die Wichtigkeit des Spiels gelenkt werden. Die Fotoberichte bieten dafür eine geeignete Plattform. Sie können ein wichtiger Bestandteil der Bildungs- und Lerngeschichten (→ S. 8) über den Lebensabschnitt eines Kindes im Kindergarten sein oder auch für die Portfolios (→ S. 8) genutzt werden.

Es ist aus unterschiedlichen Gründen sehr sinnvoll, Kinder auch einzeln näher zu beobachten. Daraus lassen sich z. B. Verhaltensmerkmale, das Kommunikationsverhalten und die Kooperation mit anderen Kindern differenzierter wahrnehmen und einschätzen. Aus den **Einzelbeobachtungen** können so wichtige Rückschlüsse für die pädagogische Arbeit gezogen werden.
Bei einer Einzelbeobachtung wird ein Kind für ca. 10 bis 15 Minuten am Stück so objektiv wie möglich beobachtet. Diese Beobachtung wird schriftlich festgehalten.
Zum einen gibt es die **„teilnehmende Beobachtung".** Hier beteiligen sich die ErzieherInnen selbst an der Aktivität, z. B. spielt ein Erzieher mit einem Kind ein Gesellschaftsspiel und hält gleichzeitig die Beobachtungen schriftlich fest.
Bei der **„nicht teilnehmenden Beobachtung"** sitzt die dokumentierende Person abseits und beobachtet, wie das Kind ein Spiel mit einer anderen Person oder mit anderen Kindern spielt. Diese Beobachtungssituation kann entweder in einer geschlossenen oder einer offenen Form umgesetzt werden. Bei der „geschlossenen Beobachtungssituation" ist es dem Kind nicht bewusst, dass es beobachtet wird. Bei der „offenen Situation" ist das Kind darüber informiert, dass sich ein Erzieher Notizen macht.
Ich persönlich habe gute Erfahrungen mit der offenen, nicht teilnehmenden Beobachtung gemacht. Ich kann mich dabei voll auf das Dokumentieren konzentrieren, ohne von der Aktivität beim Spiel zu sehr eingenommen zu werden. Gleichzeitig fühlen sich die Kinder geschmeichelt und geschätzt, wenn ich ihnen erkläre, dass ich mir Notizen dazu mache, wie sie etwas bauen, untersuchen oder mit etwas spielen. Wenn zwei pädagogische Fachkräfte bei einer Aktivität anwesend sind, ist es sinnvoll, dass eine Kraft die Aktivität anleitet und die andere dokumentiert. So kann sich jede für sich gezielt auf ihre Aufgabe konzentrieren.

Schön ist es, für die Bildungsdokumentation von den Kindern ein **Selbstportrait** anfertigen zu lassen. Dabei ist es sinnvoll, wenn eine kleine „Gemäldegalerie" entsteht, in der die Veränderung des Malstiles abgelesen werden kann. Unter Zuhilfenahme eines großen Spiegels betrachten sich die Kinder und malen sich selbst.

Zusätzlich können noch **Themenbilder** in die Dokumentation geheftet werden, die unter einem bestimmten Thema stehen oder den aktuellen Lebensbereich der Kinder berühren, z. B. eine Baustelle vor dem Kindergarten oder der anstehende Geburtstag. Weitere Themenvorschläge für Bilder der Kinder können sein:

- „Das ist meine Familie"
- „Das sind meine Freunde"
- „Das ist mein Lieblingsessen"
- „Das ist unser Haustier"
- „Das mag ich nicht"
- „Meine ErzieherInnen"
- „Das liebe ich"
- „Da wohnen wir"
- „Hier waren wir mal im Urlaub"
- „Das wünsche ich mir"
- „Das macht mir am meisten Spaß"
- „Das kann ich am besten"
- „Mein Berufswunsch"

Portfolios (→ S. 8) eignen sich ebenfalls dazu, die Bildungsdokumentation aufzulockern, zu erweitern und das Augenmerk auf die ressourcenorientierte Entwicklung des Kindes zu lenken. Hierzu können natürlich, wie schon beschrieben, die Fotos dienen, aber auch Kinderinterviews, Elterninterviews, Lieblingslisten, Steckbriefe, Kompetenzkarten u. v. m.

- Bei den **Kinderinterviews** werden die Antworten der Kinder auf spezielle Interviewfragen schriftlich festgehalten, z. B.: „Mit wem spielst du im Kindergarten am liebsten? Welchen Beruf möchtest du später mal ausüben? Was könnten die ErzieherInnen im Kindergarten verändern, damit es dir noch besser gefällt?"
- Bei den **Elterninterviews** eignen sich Fragen wie: „Mit welchen Ritualen schläft Ihr Kind abends am besten ein? Welches Lieblingsessen hat Ihr Kind? Mit welchem Spielzeug spielt es zu Hause am liebsten?" Diese Fragen können den Eltern zum Beantworten mit nach Hause gegeben werden, um sie anschließend mit in die Bildungsdokumentation zu heften.
- Die **Lieblingslisten** enthalten Informationen über bevorzugte Dinge, Spiele oder Spielpartner der Kinder wie z. B. Lieblingslieder, Lieblingsfingerspiele, Lieblingsspielpartner usw. Sie entstehen im Gespräch mit den Kindern, den Eltern oder werden aus Beobachtungen der Kinder im Kindergartenalltag geschlossen und dokumentiert.
- Der **Steckbrief** enthält kurz und knapp die wichtigsten Informationen über das Kind, z. B. Alter, Größe, Sternzeichen, Augenfarbe, Familienmitglieder usw.
- Auf der **Kompetenzkarte** finden sich die Kompetenzen, Talente und besonderen Interessen des Kindes wieder, z. B.: „David kann sehr gut mit Konfliktsituationen umgehen und Kompromisse schließen. Er kann sehr detaillierte Bilder malen, flöten und mit der Zunge schnalzen."

Der letzte Bestandteil des Ordner-Typs 3 sind die **Protokolle über Elterngespräche**. Diese Gespräche können stichpunktartig in schriftlicher Form festgehalten werden.

Ein Elterngespräch zu führen ist sinnvoll, wenn die Dokumentation von den Eltern eingesehen oder an sie ausgehändigt wird. Dies geschieht meist auf Anfrage der Eltern oder ErzieherInnen, nach festgelegten Elternsprechzeiten im Jahr, wenn das Kind die Einrichtung verlässt o. Ä. Die Bildungsdokumentation dient als Grundlage des Gesprächs. Hier lassen sich alle Fragen klären, die beim Lesen der Dokumentation auftreten. Die ErzieherInnen haben durch die Dokumentation einen roten Faden, anhand dessen sie durch das Gespräch leiten. Zusätzlich besteht die Möglichkeit, den Eltern pädagogisches Hintergrundwissen und die Vorteile einer Dokumentation zu vermitteln.

Einbezug der Eltern

Wenn sich das Team für eine Dokumentationsform entschieden hat, ist es hilfreich, einen **Elternabend zum Thema Bildungsdokumentation** zu veranstalten, um das Konzept vorzustellen. Dazu kann eine Beispieldokumentation gezeigt und theoretisches und praktisches Wissen vermittelt werden. Die Eltern werden so für das Thema begeistert und sensibilisiert, außerdem begreifen sie den Sinn und Zweck des Mehraufwands und der damit u. U. verbundenen Umstrukturierung der Zeitressourcen. Hier können die vielen **positiven Aspekte der Dokumentationsarbeit** herausgestellt werden, z. B.:

- Jedes Kind wird von den ErzieherInnen wahrgenommen. Kein Kind geht im Kindergartenalltag unter.
- Wichtige Informationen über das Kind gehen nicht verloren.
- Das Kind wird in seiner spezifischen Art wahrgenommen und wertgeschätzt.
- Stärken, Interessen und Talente des Kindes werden erkannt und gefördert.
- Auf dieser Grundlage können auch evtl. Defizite erkannt und das pädagogische Handeln darauf abgestimmt werden.
- Das Kind trifft Entscheidungen und trägt Verantwortung für seinen eigenen Ordner. Es heftet ein, was ihm wichtig ist, sortiert aus und überlegt, was noch in den Ordner gehört etc. Das Kind ist stolz auf seinen Ordner und entwickelt Selbstvertrauen.
- Auf der Grundlage der Dokumentation können fundierte Elterngespräche geführt werden.

- Sollten die Eltern ihr Einverständnis geben, kann die Dokumentation auch an andere Institutionen weitergegeben werden wie Grundschule, ÄrztInnen, LogopädInnen etc.
- Die Bildungsdokumentation ist eine schöne Erinnerung, wenn das Kind die Einrichtung verlässt.

Auf dem Elternabend wird ebenfalls die **Einverständniserklärung** zur Bildungsdokumentation ausgehändigt. Diese nehmen die Eltern mit nach Hause, lesen sie in Ruhe durch und bringen das Formular in den nächsten Tagen unterschrieben wieder mit oder sie verweigern ihr Einverständnis.

Um den ErzieherInnen Zeit für die Erstellung der Bildungsdokumentation einzuräumen, ist es auch möglich, **Aufgaben an die Eltern bzw. den Elternrat abzugeben**. Es ist wichtig, die knappen Zeitressourcen nicht ausschließlich durch eigene Mehrarbeit aufzufangen oder durch schlechtere Betreuungsbedingungen an die Kinder weiterzugeben. Stattdessen kann gerade durch die Auseinandersetzung mit der Dokumentationsarbeit das Selbstverständnis der Wertigkeit der eigenen Arbeit steigen und dazu beitragen, andere hilfreiche Wege der Arbeitsentlastung zu finden. Eventuell lassen sich das Basteln der Vorlagen für die Martinslaternen, die Teilorganisation von Festen, das Plätzchenbacken in der Adventszeit etc. an bereitwillige Eltern delegieren. Wenn die Eltern die Chancen der Dokumentationsarbeit kennen, sind sie auch motiviert, die Umstrukturierung von Zeitressourcen zu akzeptieren und die ErzieherInnen in ihrer Arbeit zu unterstützen.

Zum Einsatz des Buches

Das vorliegende Buch ist in folgende Kapitel aufgeteilt: „Bildungsbereich Motorik", „Sprache", „Kognition", „Wahrnehmung", „Musik&Rhythmik" und „Sozial- & Spielverhalten".
Jedes Bundesland hat seinen eigenen **Bildungsplan** (**www.bildungsserver.de/zeigen.html?seite=2027**). Die Bildungs- und Entwicklungsfelder, die in den verschiedenen Bildungsplänen genannt werden, sind hier in den o. g. Bereichen zusammengefasst. Die Erfahrung hat gezeigt, dass sich mit diesen Bildungsbereichen der größte Teil aus den Bildungsplänen aller Bundesländer abdecken lässt. Das hat den großen Vor-

teil, dass ErzieherInnen aller Bundesländer mit den Buchinhalten arbeiten können.
Zu jedem der sechs Bildungsbereiche gibt es für die Bildungsdokumentationen eine **Tabelle als pädagogisches Hilfsmittel,** in der Fragen und Beobachtungsschwerpunkte passend zum jeweiligen Bereich übersichtlich aufgelistet sind. Daneben ist Platz, um die Beobachtungen zu dokumentieren. Der Ausschnitt aus der „Dokumentationstabelle Motorik" von S. 27 ff. verdeutlicht die Anwendung:

Beispiel Dokumentationstabelle Motorik

Name & Alter der Kinder:	1. Lea, 4,6 J.		2. Matthias, 5 J.	3. Maik, 4,2 J.	4. Vera, 4,5 J.

Frage	Beobachtungs-schwerpunkt	Spielanlass	Name	Datum	Beobachtung
		Feinmotorik			
Wie hält das Kind den Stift (Dreifingergriff, Faustgriff etc.)?	Stifthaltung	Dschungel-Abenteuer → S. 15 Wir gehen in den Zirkus → S. 19 Die Achterbahnfahrt → S. 22 Lilalinks und Rosarechts → S. 24	Lea	6.9.10	Faust
			Matthias	5.9.10	Dreifing
			Maik	5.9.10	Faust
			Vera	5.9.10	Faust
Wie ist die Druckausübung auf den Stift (fest, leicht, angemessen etc.)?	Druckausübung auf Stifte	Dschungel-Abenteuer → S. 15 Wir gehen in den Zirkus → S. 19 Die Achterbahnfahrt → S. 22 Lilalinks und Rosarechts → S. 24	Lea	4.9.10	F
			Matthias	5.9.10	angem
			Maik	5.9.10	F
			Vera	6.9.10	L
Welche Hand benutzt das Kind beim Malen?	Händigkeit	Dschungel-Abenteuer → S. 15 Wir gehen in den Zirkus → S. 19 Die Achterbahnfahrt → S. 22 Lilalinks und Rosarechts → S. 24	Lea	4.9.10	R
			Matthias	4.9.10	R
			Maik	6.9.10	L
			Vera	5.9.10	R

In jeder Tabelle können die Beobachtungen zu vier Kindern dokumentiert werden. Jede Tabelle muss also entsprechend der Anzahl der Gruppenkinder so oft kopiert werden, dass alle zu verzeichnen sind. Die Tabellen kommen in den Ordner-Typ 1 (→ S. 9).

Werden im Freispiel oder bei angeleiteten Aktivitäten Beobachtungen bei Kindern gemacht, werden diese in die letzte **Tabellenspalte „Beobachtung"** eingetragen. Dabei bietet es sich an, Abkürzungen zu verwenden, z.B.: Am Maltisch beobachtet eine Erzieherin, dass Matthias den Stift mit dem Faustgriff hält, also trägt sie in der Spalte „Beobachtung" bei der Frage: *„Wie hält das Kind den Stift (Dreifingergriff, Faustgriff etc.)?"* als Abkürzung für „Faustgriff" *„Faust"* ein. Außerdem beobachtet sie, dass Matthias mit dem Stift sehr fest aufdrückt. Sie notiert bei der Frage: *„Wie ist die Druckausübung auf den Stift (fest, leicht, angemessen etc.)?"* ein *„F"* für „fest". Benutzt Matthias beim Malen seine rechte Hand, trägt sie bei der Frage: *„Welche Hand benutzt das Kind beim Malen?"* ein *„R"* für „rechts" ein usw. So kann sich das Team weitere **einheitliche Abkürzungen** als Gedankenstützen überlegen.

Die ausgefüllten Tabellen gewährleisten insgesamt einen **guten Überblick über den Entwicklungsstand jedes Kindes.** Die Kurznotizen rufen gewisse Beobachtungen und Ereignisse wieder in Erinnerung und erleichtern so das spätere Schreiben einer ausformulierten Bildungsdokumentation.

Nicht immer bietet allerdings der Alltag genügend Anlässe, um zu unterschiedlichsten Bildungsbereichen ganz nebenbei Beobachtungen bei den Kindern machen zu können. Um die Kinder nicht in unangenehme Testsituationen zu bringen, in denen sie nach Anweisung auf einem Bein hüpfen oder bis Zehn zählen sollen, bietet es sich an, ihnen spielerische Angebote zu machen, anhand derer die ErzieherInnen die Beobachtungsfragen ebenfalls beantworten können.

Genau dazu bietet das vorliegende Buch **umfangreiche Spielaktionen** an, die auf die Beobachtungsschwerpunkte abgestimmt sind. Die Spiele sind ebenfalls nach den Bildungsbereichen sortiert und machen den Hauptteil der sechs Kapitel aus.

In der Mitte der Tabellen befindet sich die **Spalte „Spielanlass",** unter der jeweils verschiedene Aktionen aus dem Buch mit Seitenverweis aufgeführt sind. So gibt es zu jeder Frage gleich mehrere Möglichkeiten, den Kindern Spiele anzubieten, anhand derer die ErzieherInnen die passenden Beobachtungen machen und dokumentieren können.

Umgekehrt findet sich bei allen Spielen die **Rubrik „Beobachtungsschwerpunkt"**. Dort sind die Schwerpunkte aufgeführt, die dort jeweils am besten beobachtet und meist gleichzeitig mit dem Spiel gefördert werden können. Aus Gründen der Übersichtlichkeit sind bei allen Spielen nur die zur Kategorie passenden und die am wahrscheinlichsten zu beobachtenden Schwerpunkte aufgeführt. Die Beobachtungsschwerpunkte beziehen sich immer auf die Gesamtheit der Aktivität, also auch auf die Einleitungs- und Schlussteile.

Auf diese Weise können ErzieherInnen entweder anhand der Tabellen Spiele auswählen, wenn sie eine konkrete Beobachtungsfrage beantworten wollen, oder sie machen umgekehrt den Kindern ein beliebiges Spielangebot, bei dem sie in der Rubrik „Beobachtungsschwerpunkt" lesen, was sie hier beobachten können. Sie suchen die entsprechende Spalte in der zugehörigen Tabelle und tragen dort ihre Beobachtungen ein.

Jede Tabelle bietet am Ende über die vorgegebenen Fragen hinaus noch ausreichend **Platz für eigene Eintragungen**, wenn weitere Aspekte, die sich z. B. aus den Spielangeboten ergeben, ergänzt werden sollen.

Grundsätzlich können alle Spielangebote am effektivsten eingesetzt werden, wenn **die Motivation und das Interesse der Kinder berücksichtigt** werden. Kinder lernen und behalten – wie auch wir Erwachsenen – Dinge besonders gut, wenn sie sich für etwas begeistern können und ihr Interesse geweckt wird. Deshalb sollten vorzugsweise immer Aktivitäten eingesetzt werden, die aktuell im Interesse der Kinder sind, z. B.: Ein Zirkus ist in der Stadt, die Kinder sehen die Plakate, besuchen die Vorstellung und sprechen im Kindergarten viel darüber, also wird die Bewegungsgeschichte „Wir gehen in den Zirkus" (→ S. 19) angeboten usw.

Bei allen Spielaktionen finden sich neben dem Beobachtungsschwerpunkt auch Alters- und ggf. Materialangaben. Die **Altersangaben** sind dabei nur eine Richtlinie. Die Aktivitäten sind so konzipiert, dass sie leicht an verschiedene Altersgruppen angepasst werden können. Oft sind die Aktivitäten so konzipiert, dass auch die **Materialangaben** nach eigenem Ermessen flexibel ausgetauscht oder ergänzt werden können, sodass die Vorbereitung immer unaufwendig bleibt.

In den Tabellen sind auch Beobachtungsschwerpunkte aufgeführt, die sich nicht oder nur zum Teil mit den Spielaktionen aus diesem Buch abdecken lassen. Diese Fragen lassen sich am besten im Freispiel, bei Alltagshandlungen, bei pflegerischen Tätigkeiten oder bei Experimenten, Spielimpulsen etc. beobachten. Um hier weitere Anregungen zu geben, findet sich in jedem Kapitel am Ende der Spielaktionen ein **Infokasten** mit weiteren spielerischen Anlässen für Beobachtungssituationen.

Insgesamt entsteht auf diese Weise aus Spielangeboten, Dokumentationstabellen und theoretischen Erläuterungen zur Dokumentationsarbeit **ein praktisches Komplettpaket zur spielerischen Bildungsdokumentation!**

Ein Hinweis zum Schluss: Wer sich die Dokumentationsarbeit auf Dauer noch mehr erleichtern und Zeit sparen möchte, dem sei passend zum vorliegenden Buch die **Software GABIP – Ga**nzheitliches **Bi**ldungsdokumentations-**P**rogramm – empfohlen. **GABIP** bietet Formulierungshilfen in Form von Textbausteinen und viele nützliche Funktionen, die das Erstellen einer Dokumentation erleichtern, z. B. Soziogramme, Portfolios, Fotoberichte, Vorlagen für Elterngespräche und Einzelbeobachtungen. Der Zeitaufwand kann je nach Art der Dokumentation (Portfolio, Lerngeschichte, Entwicklungsstand) um mind. die Hälfte reduziert und die gewonnene Zeit wieder für die direkte Betreuung der Kinder genutzt werden.

Die Software ergänzt das Buch optimal, weil die Beobachtungen, die anhand der Spielangebote gemacht werden, direkt in die Software übertragen werden können, da diese mit denselben Tabellenformaten arbeitet. Darüber hinaus bietet **GABIP** zu jeder Beobachtungsfrage umfangreiche Antwort-Textbausteine, sodass die ausführliche Textdokumentation noch einfacher wird.

Unter **www.gabip.de** finden sich hilfreiche Informationen zu unterschiedlichen Software-Versionen, angepasst an verschiedene Altersstufen und pädagogische Zielgruppen.

Ich wünsche allen ErzieherInnen viel Erfolg bei der Dokumentationsarbeit und viel Spaß beim Einsatz der Spielaktionen!

Nina Held

Bildungsbereich Motorik

Laufen, hüpfen, werfen, malen

Dschungel-Abenteuer

Bei diesem Stationenspiel markiert jede Station ein Dschungelabenteuer mit spezieller Motorikförderung. Eine Rahmengeschichte leitet die Kinder von Abenteuer zu Abenteuer.

Alter: ab 5 Jahren
Material: Malsachen, Blanko-Karteikarten, 4 Seile, Turnbank, Teppichfliesen, 1 großes blaues Tuch, 1 Gymnastikball für die Hälfte der Kinder, Sprossenwand, dicke Bodenmatte, Tisch, Decke, große Sicherheitsnadel, Lieblingskreisspiel-Materialien (→ 7. Station), Motorik-Steckbox
Beobachtungsschwerpunkte: Stifthaltung, Druckausübung auf Stifte, Händigkeit, Zeichnung von Menschen, Schlusssprung, Einbeinstand, Klettern, Gleichgewicht halten, Koordination, Koordiniertes Laufen, Werfen / Fangen, Umgang mit Körperkraft, Ausdauer, Zehen- / Hackengang, Bewegungsdrang, Körperspannung

Vorbereitung
Die Spielleitung baut alle Stationen im Bewegungsraum auf.
1. Station: Die Malsachen werden mit den Karteikarten in einer Ecke als Startpunkt bereitgelegt. Zwischen der 1. und 2. Station muss etwas Platz zum Laufen bleiben.
2. Station: Mit zwei Seilen wird eine Schlucht abgegrenzt, über die die Bank mit der schmalen Seite nach oben gelegt wird.
3. Station: Mit zwei Seilen wird ein Sumpfgebiet abgegrenzt und dort hinein Teppichfliesen als Steine zur Sumpfüberquerung gelegt.
4. Station: Das blaue Tuch wird als Fluss ausgelegt und die Bälle werden daneben gelegt.
5. Station: Vor der Sprossenwand wird die Bodenmatte ausgelegt.
6. Station: Der Tisch wird mit der Decke überhängt, sodass eine kleine Höhle entsteht. Am Eingang werden zwei Deckenzipfel mit der Sicherheitsnadel so zu-

sammengeheftet, dass die Höhle verschlossen ist. Die kleine Kiste wird mit den Materialien für das Lieblingskreisspiel der Kinder gefüllt und in der Höhle versteckt. Vor dem Höhleneingang wird die Steckbox bereitgestellt mit den daneben liegenden Figuren. Die Spielleitung malt einen Hinweiszettel, auf dem die Figuren zu sehen sind, die von einer Hand in die Box gesteckt werden, und heftet den Zettel gut sichtbar mit an die Sicherheitsnadel am Höhleneingang.
7. Station: Hier wird etwas Platz gelassen für das Lieblingskreisspiel.

Spielablauf
Alle Kinder setzen sich im Halbkreis vor die Spielleitung, die die folgende Geschichte erzählt und die Kinder damit durch alle Stationen führt.

1. Station: *„Wir werden jetzt in den Dschungel fliegen, denn dort haben die Dschungelbewohner vor Tausenden von Jahren einen Schatz versteckt, den wir entdecken wollen. Am Flughafenschalter werden erst einmal unsere Personalausweise kontrolliert."* (Die Kinder malen auf die Karteikarten Selbstportraits als Personalausweis) *„Mit unseren Pässen steigen wir alle ins Flugzeug und es geht los: Wir fliegen in den afrikanischer Dschungel!"* (mit ausgebreiteten Armen durch den Raum laufen) *„Wir landen in Afrika in der Nähe des Dschungels und machen uns sofort auf den Weg, um den Schatz zu finden."* (Kinder laufen durch den Raum) *„Plötzlich hören wir ein Geräusch und erschrecken! Schnell laufen wir weiter."* (schneller laufen) *„Glück gehabt: Das Geräusch wurde nur von einem kleinen Tier verursacht. Wir schleichen langsam weiter, damit uns keiner hört."* (im Zehen- / Hackengang durch den Raum schleichen)

2. Station: *„Wir kommen an eine große Schlucht. Wir können nur hinübergelangen, wenn wir über den Baumstamm balancieren, der über der Schlucht liegt."* (nacheinander über die Bank balancieren)

3. Station: *„Weiter geht es durch den Dschungel. Doch was ist das? Ein Sumpfgebiet versperrt uns den Weg! Wir*

müssen die Steine im Sumpf als Trittfläche benutzen, sonst versinken wir." (mit geschlossenen Beinen im Schlusssprung von Fliese zu Fliese hüpfen)
„Endlich haben wir alle das Sumpfgebiet durchquert. Wir lassen unseren Blick noch einmal über den Sumpf schweifen und sehen ein paar Flamingos im Wasser stehen. Das sieht sehr lustig aus, wie sie da auf einem Bein stehen. Das probieren wir gleich mal aus." (Einbeinstand)

4. Station: *„Wir laufen weiter. Vor uns liegt ein Fluss, aber zum Glück ist er nicht breit und wir können hinüberspringen."* (die Hälfte der Kinder springt über das blaue Tuch) *„Stopp – seht mal, neben dem Fluss stehen Palmen mit Kokosnüssen. Wir wollen sie mitnehmen und auf der anderen Flussseite essen, also werfen wir sie über den Fluss einem anderen Kind zu. Das macht so viel Spaß, dass wir die Nuss ein paar mal hin und her werfen, bis alle über den Fluss springen und wir die Nüsse gemeinsam essen."* (die Kinder werfen sich paarweise die Bälle zu, bevor alle über das Tuch springen und dort pantomimisch die Kokosnüsse verzehren)

5. Station: *„Langsam müssten wir doch am Ziel sein! Wir klettern auf einen Felsen, um von dort besser sehen zu können. Unter uns liegt ein kleiner See. Wir wollen uns etwas abkühlen und springen von dem Felsen in den See."* (nacheinander auf die Sprossenwand klettern und auf die Matte springen)

6. Station: *Am Rand des Sees entdecken wir eine kleine Höhle: Hier muss der Schatz verborgen sein! Doch die Höhle ist verschlossen. Vielleicht hilft uns der Zettel am Höhleneingang …?"* (die Kinder finden heraus, was sie tun sollen, und stecken alle Figuren in die passenden Öffnungen; die Spielleitung öffnet die Höhle)

7. Station: *„Die Höhle öffnet sich – wer ist so mutig hineinzukriechen?"* (ein oder zwei Kinder kriechen hinein) *„Könnt ihr den Schatz finden und mitbringen?"* (die Kinder krabbeln mit der Kiste heraus) *„Ihr habt die Schatztruhe gefunden! Was ist wohl darin? Oh, ein ganz altes Spiel der Dschungelbewohner, ihr größter Spaß und Schatz gegen die Langeweile im Dschungelalltag! Das müssen wir sofort ausprobieren!"* (Lieblingskreisspiel spielen).

„Bevor wir zurückfliegen, haben wir noch einen Augenblick Zeit, uns im Dschungel umzuschauen und zu spielen." (freies Spiel an den Stationen)
„Nun ist es spät geworden und wir fliegen alle zurück nach Hause." (mit ausgebreiteten Armen an allen Stationen vorbei zum Startpunkt laufen)

An die Welt da draußen

Dieses Bewegungsspiel ist als Element einer Bewegungsstunde gedacht. Es eignet sich sehr gut als letztes Spiel vor einer Trinkpause.

Alter: ab 3 Jahren
Beobachtungsschwerpunkte: Schlusssprung, Koordination, Koordiniertes Laufen, Ausdauer, Bewegungsdrang, Körperspannung

Die Spielleitung spricht den folgenden Text und macht die passenden Bewegungen dazu. Die Kinder sprechen den Text mit und ahmen die Bewegungen nach.

*An die Welt da draußen,
ich muss mal kurz verschnaufen.
Ich brauch jetzt einmal meine Ruh'
und mache beide Augen zu.*

auf den Boden legen und schlafend stellen

*Auf, auf, geschwind nun schnell und lauft,
ich werf' euch aus den Betten raus,
auf, auf geschwind nun schnell und lauft,
ich werf' euch aus den Betten raus.
Stopp!*

aufspringen und durch den Raum laufen
Handflächen nach vorn strecken und stehen bleiben

Beide Teile werden im Wechsel von Ruhe und Bewegung zweimal wiederholt. Der Schluss lautet:

*Auf, auf, geschwind nun schnell und springt,
wer durstig ist, jetzt Wasser trinkt,
auf, auf, geschwind nun schnell und springt,
wer durstig ist, jetzt Wasser trinkt.*

im Schlusssprung zur Trinkpause hüpfen

Beim Reitturnier

Alter: ab 5 Jahren
Anzahl: 8 Kinder
Material: blaue Turnmatte, 6 Slalomkegel, Turnbank, 3 kleine Hürden, 1 Seil für die Hälfte der Kinder, Massagematerialien wie Igelball, Feder, Tuch, Pinsel, weiche Bürste
Beobachtungsschwerpunkte: Koordination, Koordiniertes Laufen, Umgang mit Körperkraft, Ausdauer, Bewegungsdrang, Körperspannung

Vorbereitung
Die Spielleitung baut im Bewegungsraum Hindernisse als Rundparcours auf: die blaue Turnmatte als „Wassergraben", dahinter die Slalomkegel, eine Turnbank als quergelegten „Baumstamm" und drei Hürden zum Überspringen, die an die Turnmatte anschließen, sodass der Rundparcours geschlossen ist. Die Seile und Massagematerialien werden bereitgelegt.

Spielablauf
Zum Einstieg spricht die Spielleitung mit den Kindern über Reitturniere und die Vielseitigkeitsreiterei, bei der unterschiedliche Hindernisse in verschiedenen Geländen zu überwinden sind. Wer kennt die Sportart oder kann sich vorstellen, welche Hindernisse die Pferde überwinden müssen?
Die Kinder bilden Paare und werden selbst zu Pferd und ReiterIn. Der Reiter lenkt sein Pferd durch ein Seil, das als Zügel über dessen Nacken und unter den Armen durchgeführt wird. Jedes Paar stellt sich in einer Raumecke, einem „Pferdestall" auf.
Auf ein Zeichen der Spielleitung läuft eines der Paare los und überwindet die Hindernisse: Pferd und ReiterIn galoppieren durch den Wassergraben, traben um die Slalomkegel herum, ohne sie umzureiten, springen über den Baumstamm und die drei Hürden am Schluss. Wenn das Paar in seinen Stall zurückkehrt ist das nächste an der Reihe.

In einer zweiten Runde gibt die Spielleitung zwei Paaren aus gegenüberliegenden Ställen das Kommando, zeitgleich den Parcours zu durchqueren. Danach sind die Paare aus den anderen Ecken dran.

Zum Schluss kehren alle in ihren Stall zurück. Die Pferde werden von ihren ReiterInnen zur Entspannung mit den Massagematerialien abgerieben, massiert und gestriegelt.

Danach werden die Rollen getauscht für eine neue Parcoursrunde.

Hinweis: Wenn die Kinder Zeit für ein anschließendes Freispiel im Bewegungsraum erhalten, ergeben sich viele wertvolle Beobachtungssituationen für die Bildungsdokumentation, wenn sie den Inhalt der Bewegungseinheit nachspielen.

Ich kann hüpfen

Dieses kurze Bewegungslied dient als Einstimmung auf eine Bewegungsstunde oder kann zwischendurch zur Auflockerung eingesetzt werden.

Denn ich kann hü - pfen, hü - pfen, hü - pfen, ja.

Alter: ab 3 Jahren
Beobachtungsschwerpunkte: Schlusssprung, Auf einem Bein hüpfen, Koordination, Rückwärts-/Seitwärtslaufen, Zehen-/Hackengang, Bewegungsdrang, Körperspannung

Die Spielleitung und die Kinder stellen sich zu Beginn im Kreis auf zum gemeinsamen Bewegungsspiellied. Das Startkommando wird jeweils gesprochen, dann folgt eine Liedstrophe, zu der sich die Kinder durch den Raum bewegen.

Auf die Plätze,	Arme hängen am Körper herunter
fertig,	Arme im 90-Gradwinkel vom Körper abstrecken
los!	Hände über dem Kopf zusammenschlagen
Schaut mal her, ich bin schon groß.	auf die Zehenspitzen stellen

1. *Denn ich kann hüpfen,*
hüpfen, hüpfen, ja. (2×)   im Schlusssprung durch den Raum hüpfen

Auf die Plätze, fertig, los!
Schaut mal her, ich bin schon groß.   Bewegungen wie oben

2. *Denn ich kann rückwärtslaufen,*
rückwärtslaufen, rückwärtslaufen, ja. (2×)   rückwärts durch den Raum laufen

Auf die Plätze, fertig, los …

3. *Denn ich kann klatschen,*
klatschen, klatschen, ja. (2×)   klatschend durch den Raum laufen

Auf die Plätze, fertig, los …

4. *Denn ich kann schleichen,*
schleichen, schleichen, ja. (2×)   im Zehen-/Hackengang durch den Raum schleichen

Hinweis: Es können noch viele beliebige Bewegungen in das Lied eingebaut werden, z. B. rennen oder stampfen, sodass weitere Beobachtungssituationen entstehen.

Wir gehen in den Zirkus

Alter: ab 4 Jahren
Material: Malsachen, Blanko-Karteikarten, Zirkus- oder Bewegungsmusik, Turnbank, Gymnastikbälle, Koffer oder Truhe, Zauberstab, 1 Chiffontuch pro Kind
Beobachtungsschwerpunkte: Stifthaltung, Druckausübung auf Stifte, Händigkeit, Zeichnung von Menschen, Schlusssprung, Einbeinstand, Auf einem Bein hüpfen, Gleichgewicht halten, Vorwärts-/Rückwärtsrolle, Koordination, Rückwärts-/Seitwärtslaufen, Koordiniertes Laufen, Hampelmann-Sprung, Werfen/Fangen, Umgang mit Körperkraft, Ausdauer, Bewegungsdrang, Körperspannung

Zum Einstieg erzählt die Spielleitung den Kindern im Kreis: *„Heute gehen wir in den Zirkus. Wir haben uns schon lange darauf gefreut, die Kunststücke der Artisten und Artistinnen zu sehen. Auch der Zauberer und die Tiere interessieren uns. Was es da wohl alles zu sehen gibt?"*

Die Spielleitung führt die Kinder als Zirkusdirektorln durch 6 Stationen.

1. Station
Zuerst brauchen die Kinder eine Eintrittskarte, um in den Zirkus zu kommen. Dazu malen sie ein Selbstportrait auf eine Karteikarte. Am Eingang des Zirkus' sammelt der Direktor persönlich alle Karten ein. Er begrüßt die Kinder und erzählt, dass heute Freiwillige gesucht werden, die bei der Zirkusvorstellung mitmachen. Alle Kinder melden sich begeistert dafür an!

2. Station
Bevor die Kinder die ersten Kunststücke zeigen, müssen sie sich warm machen, um Verletzungen zu vermeiden. Der Zirkusdirektor legt Musik auf, zu der die Kinder
- auf der Stelle laufen,
- den Hampelmann-Sprung machen,
- auf einem Bein hüpfen,
- Kniebeugen machen,
- im Schlusssprung hüpfen,
- im Einbeinstand balancieren,
- eine Rolle vorwärts machen,
- rückwärts- und seitwärtslaufen …

3. Station

Jetzt geht es endlich los: Als SeiltänzerInnen üben die Kinder zu balancieren. Die Zuschauer halten den Atem an. Vorsichtig, Fuß vor Fuß, balancieren die ArtistInnen über eine umgedrehte Turnbank. Am Ende verbeugen sich die Kinder und erhalten Applaus!

4. Station

Nun kommen die BallakrobatInnen: Der Zirkusdirektor bringt eine Menge Bälle herbei und legt sie auf beiden Seiten der Bank mitten in die Manege. Die Kinder werfen sich die Bälle gegenseitig über die Bank hinweg zu und fangen sie geschickt auf. Die Zuschauer sind begeistert und jubeln.

5. Station

Jetzt ist die Zaubervorstellung an der Reihe. Alle Kinder versammeln sich um einen geheimnisvollen Koffer, der sich quietschend öffnet. Darin befindet sich ein Zauberstab. Der Direktor verwandelt alle Kinder in Tiere, die sich entsprechend durch den Raum bewegen: Sie stampfen rüsselschwenkend wie ein Elefant, schleichen kraftvoll wie ein Tiger auf allen Vieren durch den Raum oder galoppieren wie ein Pferd rund um die Manege.

6. Station

Zum Abschluss der Vorstellung verteilt der Zirkusdirektor Tücher an alle ArtistInnen, mit denen sie sich zur Musik winkend von den Zuschauern verabschieden. Vor Freude über den Applaus werfen sie die Tücher in die Luft und fangen sie wieder auf. Danach verlassen alle erschöpften ArtistInnen die Manege.

Hinweise:

- In die 2. Station können viele verschiedene Bewegungsarten eingebaut werden, z. B. Arme, Kopf und Hüften kreisen lassen, im Zickzack springen etc.
- Die Kunststücke der ArtistInnen können beliebig erweitert werden, z. B. durch tollkühne Sprünge vom Kasten, durch einen „Feuerreifen" etc.

Die Hand, die fängt jetzt an

Alter: ab 3 Jahren
Beobachtungsschwerpunkte: Fingerfertigkeit, Koordination

Die Spielleitung stellt sich mit der Kindern im Stuhlkreis vor den Stühlen auf. Sie spricht ihnen die Verse vor und macht dazu die passenden Bewegungen, die die Kinder nachahmen. Kennen sie das Spiel bereits, sprechen alle den Text mit.

Die Hand, die fängt jetzt an
und zeigt euch, was sie kann.

jeder Finger einer Hand berührt abwechselnd den Daumen

Die and're schaut ihr zu,
auch ihr lässt's keine Ruh'.

Wiederholung mit der anderen Hand

Nun tritt ein Fuß hervor,
der and're schießt ein Tor.

einen Schritt mit links nach vorn und mit rechts eine Schussbewegung machen

Der erste schaut nur zu,
er braucht jetzt seine Ruh'.

linken Fuß im Gelenk hin und her drehen

Der and're Fuß tritt vor,
und wieder gibt's ein Tor.

einen Schritt mit rechts nach vorn und mit links eine Schussbewegung machen

Der erste schaut nur zu,
er braucht jetzt seine Ruh'.

rechten Fuß im Gelenk hin und her drehen

Die Schulter, die zuckt mit,
das wird ein Riesenhit.

mit einer Schulter zucken

Die zweite kommt dazu,
das schafft ihr doch im Nu.

mit beiden Schultern zucken

Der Popo wackelt hin und her,
das findet er jetzt gar nicht schwer.

mit dem Po hin und her wackeln

Er macht das wirklich spitze,
das geht, auch wenn ich sitze.

mit dem Po auf dem Stuhl hin und her rutschen

Der Kopf, der schüttelt heftig sich,
mir wird fast etwas schwindelig.
Die Haare fliegen kreuz und quer,
ich lache laut und denk nichts mehr.

Kopf schütteln

Und zum Schluss die Verbeugung
aus Überzeugung!

verbeugen

Die Achterbahnfahrt

Diese Übung für die Feinmotorik ist in eine motivierende Geschichte verpackt und wird am besten in einer Kleingruppe durchgeführt. Sie fördert intensiv die Vernetzung der rechten und linken Gehirnhälfte.

Alter: ab 5 Jahren
Anzahl: max. 4 Kinder
Material: Wachsmalstifte, große Papierbögen (mind. DIN A3); evtl. langes Seil, Spielzeugautos, Kreide, Alltagsmaterialien (Muggelsteine, Kastanien, Büroklammern etc.)
Beobachtungsschwerpunkte: Stifthaltung, Druckausübung auf Stifte, Händigkeit, Über die Körpermitte malen, Zeichenlinien / -Begrenzungen einhalten, Koordination, Überkreuzbewegungen

Die Spielleitung zeichnet für jedes Kind eine große Acht als „Achterbahn" auf einen Papierbogen.
Alle Kinder setzen sich mit ihren Papierbögen und einem Wachsmalstift an einen Tisch. Die Spielleitung spricht mit den Kindern zum Einstieg über den Besuch eines Freizeitparks. Wer hat schon mal einen Park besucht? Welche Attraktionen gibt es dort?
Sie erzählt die folgende Geschichte und die Kinder übertragen die passenden feinmotorischen Bewegungen dazu auf das Papier.

„Endlich sind wir im Freizeitpark angekommen. Wir haben uns schon so lange darauf gefreut. Wir möchten unbedingt die neue Achterbahn testen. Sie hat zwei Loopings und ist riesengroß. Wir sind schon gespannt auf das Kribbeln im Bauch, wenn die Fahrt endlich losgeht. Wir steigen in einen Wagen, schnallen uns an und halten uns gut fest. Langsam zieht die Bahn den Wagen an. (die Kinder fahren langsam mit dem Stift die Acht entlang) *Die Bahn fährt erst langsam, damit sich alle Passagiere an die Fahrt gewöhnen können. Doch jetzt wird sie schneller, sie fährt genau die vorgegebenen Linien der Schienen nach.* (schneller die Acht entlangfahren) *Der Wind zerzaust uns die Haare und wir müssen uns gut festhalten. Es macht unheimlich Spaß, mit der Achterbahn zu fahren. Jetzt kommen die Loopings. Es kribbelt in unserem Bauch und wir quietschen vor Freude. Wir rufen alle: ‚Noch einmal!', und die Bahn fährt noch eine Runde. Plötzlich bleibt die Bahn stehen, legt den Rückwärtsgang ein und fährt langsam an.* (die Acht rückwärts nachmalen) *Die Ach-*

terbahn wird schneller und wir jubeln. Jetzt geht es rückwärts durch die Loopings. Wir rufen alle: ‚Noch einmal!', und die Bahn fährt eine Extrarunde.
Jetzt hält sie an und wir steigen aus. Unsere Wangen sind gerötet und unsere Haare zerzaust, aber es hat sich wirklich gelohnt. Wir sind angespannt von der schnellen und aufregenden Fahrt. Wir beschließen, uns ein wenig aufzulockern. Wir stehen auf und drehen unsere Handgelenke. Wir beugen uns nach vorn, lassen die Arme nach unten hängen und schütteln sie aus. Wir legen die rechte Hand auf die linke Schulter und die linke Hand auf die rechte Schulter. Jetzt legen wir die linke Hand auf das rechte Bein und die rechte Hand auf das linke Bein. Noch schnell die Beine ausschütteln, zwei Kniebeugen machen – und schon sind wir wieder fit für eine neue Fahrt. (Bewegungen machen wie beschrieben)
Wir steigen wieder ein, schnallen uns an und los geht's. Weil unser Achterbahn-Zeichenarm nach der ersten Runde noch eine Pause braucht, nehmen wir diesmal die andere Hand für die Achterbahnfahrt. (die Acht mit der anderen Hand umfahren) *Jetzt wird die Bahn wieder schneller. Wir jubeln vor Freude. Und noch einmal geht es mit hoher Geschwindigkeit durch die Loopings. Wiedermal ist die Fahrt viel zu schnell zu Ende. Schon fährt die Bahn ihre letzte Runde und hält an. Wow, das war super. Ob wir noch einmal fahren sollen?"*

Zum Abschluss malen die Kinder einen Freizeitpark um die liegende Acht herum.
Hinweis: Die Freizeitpark-Bilder können als Ergänzung mit in die Bildungsdokumentation geheftet werden.

Varianten

Die Kinder eignen sich die Achter-Form auf andere Art an, z. B.:

- Sie balancieren barfuß über ein auf dem Boden zur Acht gelegtes Seil.
- Sie fahren mit Spielzeugautos über eine mit Kreide auf den Boden gezeichnete Acht.
- Sie legen viele Achten aus Muggelsteinen, Kastanien, Büroklammern etc.
- Sie legen sich selbst so auf den Boden, dass aus zwei oder mehr Kindern eine Acht entsteht.
- Sie malen viele Achten auf einen großen Bogen Papier und lassen daraus Figuren entstehen: Der untere Kringel der Acht bildet den Bauch, der obere Kringel den Kopf. Die Figuren werden mit Gliedmaßen ergänzt und nach Belieben mit Kleidern und Accessoires ausgestattet.

Flinke Finger – flinke Füße

Alter: ab 3 Jahren
Beobachtungsschwerpunkte: Fingerfertigkeit,
Auf einem Bein hüpfen, Koordination

Die Kinder sitzen im Halbkreis vor der Spielleitung. Gemeinsam sprechen sie den Text und machen die passenden Bewegungen dazu.

Willst du flinke Finger flitzen sehen? *Jaaaaa!*	laut *„jaaaa!"* rufen
Sie rennen und rasen, *sie trampeln und treten,* *sie stehen und hüpfen.*	Finger krabbeln über den Boden mit den Fingern auf den Boden trommeln mit den Fingern auf dem Boden hüpfen
Und nun sind sie still, *weil keiner mehr will,* *drum liegen sie still.*	Hände flach auf den Boden legen
Sie möchten sich hinter *den Hecken verstecken,* *wo keiner sie finden soll,* *das wird toll!*	Hände hinter dem Rücken verschwinden lassen mit dem Kopf nicken
Da hab ich sie gefunden, *sie bleiben nicht verschwunden!* *Doch wieder sind sie fort –* *sagt bloß an welchem Ort?*	Hände hinter dem Rücken hervorholen Hände unter den Oberschenkeln verstecken

Variante

Die Variante wird mit den (nackten) Füßen gespielt.

Willst du flinke Füße flitzen sehen? *Jaaaaa!*	laut *„jaaaa!"* rufen
Sie rennen und rasen, *sie trampeln und treten,* *sie stehen und hüpfen.*	Füße und Zehen krabbeln über den Boden mit den Füßen auf den Boden trommeln hinstellen und hüpfen
Und nun sind sie still, *weil keiner mehr will,* *drum stehen sie still.*	hinsetzen, Knie anziehen und Fußsohlen flach auf den Boden stellen
Sie möchten sich hinter *den Hecken verstecken,* *wo keiner sie finden soll,* *das wird toll!*	sich mit dem Po auf die Unterschenkel hocken mit dem Kopf nicken
Da hab ich sie gefunden, *sie bleiben nicht verschwunden!* *Doch wieder sind sie fort –* *sagt bloß an welchem Ort?*	auf den Po setzen, Füße nach vorn strecken Füße unter den Händen verbergen

Herr Edel und Herr Galant

Alter: ab 3 Jahren
Material: 1 Chiffontuch und 1 Körbchen pro Kind
Beobachtungsschwerpunkte: Fingerfertigkeit,
Schlusssprung, Einbeinstand, Koordination,
Zehen- / Hackengang

Die Kinder sitzen mit nackten Füßen im Halbkreis vor der Spielleitung. Alle haben ein Chiffontuch und ein Körbchen neben sich liegen. Gemeinsam sprechen sie den Text und machen die passenden Bewegungen dazu.

Das ist Herr Edel und das Herr Galant, *das sind zwei Füße, ihr habt es erkannt.*	mit den Füßen wackeln
Sie sind beste Freunde, geh'n nie allein *und woll'n jeden Tag beieinander sein:*	Füße aneinanderlegen
Am Montag wird gereckt und gestreckt, *das können Große wie Kleine perfekt.*	Zehen recken und strecken
Am Dienstag zeigen sie Hacke und Spitze, *da tropft der Schweiß, es steigt die Hitze.*	Hacke und Spitze abwechselnd auf dem Boden aufsetzen
Am Mittwoch sind Edel und auch Herr Galant *ganz unruhig und wild, außer Rand und Band.*	mit den Zehen wild über den Boden krabbeln
Am Donnerstag, ihr werdet's seh'n, *versuchen beide nur zu steh'n.*	Einbeinstand
Am Freitag, das macht großen Spaß, *hüpfen beide durch das Gras.*	Schlusssprung
Am Samstag räumen sie mit Wonne *Spielzeug in die Spielzeugtonne.*	mit den Zehen das Tuch greifen und in den Korb legen
Doch am Sonntag, da ist Ruh, *sie schlafen beide, hört gut zu:* *ZzzZzzZzz …*	Fußsohlen aneinander legen und Schnarchgeräusche machen

Chrr… chrr…

Lilalinks und Rosarechts

Diese Aktion unterstützt die Kinder auf spielerische Weise beim Unterscheiden von rechts und links.

Alter: ab 4 Jahren
Material: lilafarbene und rosafarbene Wolle, Scheren; evtl. Malsachen
Beobachtungsschwerpunkte: Stifthaltung, Druckausübung auf Stifte, Händigkeit, Fingerfertigkeit

Die Spielleitung schneidet sich von den beiden Wollknäulen jeweils einen Faden ab, den sie als Armband gut sichtbar um ihre Handgelenke bindet: lila links und rosa rechts!
Sie setzt sich mit den Kindern in einen Stuhlkreis, zeigt ihnen die Bänder und erzählt ihnen, dass diese eine Erfindung von Jonathan und Mia sind. Vielleicht haben die Kinder eine Idee, wofür die Bänder benutzt werden können? Anschließend erzählt ihnen die Spielleitung die folgende Geschichte.

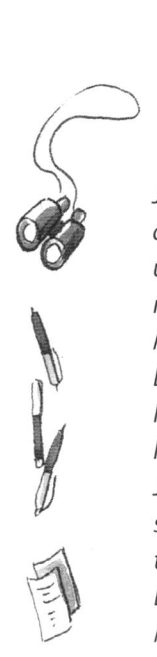

Jonathan und Mia sind gute Freunde. Sie kennen sich aus dem Kindergarten und treffen sich fast jeden Tag. Eines Nachmittags schlägt Jonathan vor, ein großes Bild zu malen. Mia ist sofort begeistert und sie holen Malblätter und Stifte. Sie malen verschiedene Tiere, die sie in der letzten Woche bei einem Besuch im Zoo gesehen haben. Mia malt einen Elefanten, Jonathan ein Kamel.

Mia beobachtet, dass Jonathan mit seiner linken Hand malt, sie dagegen mit ihrer rechten. „Du bist Linkshänder und ich bin Rechtshänderin", stellt Mia fest. Mia versucht jetzt auch mit der linken Hand zu malen wie Jonathan. Die Beine ihres Elefanten werden krumm und schief und sie muss laut lachen. Mia stellt fest, dass es gar nicht so einfach ist, mit ihrer schwächeren, linken Hand zu malen. Jetzt will auch Jonathan probieren, mit seiner schwächeren Hand zu malen, und nimmt den Stift in seine rechte Hand. Obwohl er sich sehr konzentriert und sich viel Mühe gibt, bekommt sein Kamel trotzdem einen ziemlich schiefen Höcker.

Bald haben Mia und Jonathan genug und beschließen, wieder mit ihrer starken Hand zu malen: Mia mit rechts und Jonathan mit links. Doch schon hat Mia eine neue Idee. Sie holt eine große Bastelkiste mit Wollresten aus ihrem Kinderzimmer und schlägt Jonathan vor, daraus ein Armband zu flechten. Jonathan benutzt ganz viele lilafarbene Fäden für sein Armband. Mia dagegen nimmt rosafarbene Wolle. Die beiden sind sehr stolz auf das Ergebnis, denn die Armbänder sind sehr schön geworden.

Mia beschließt, ihr Armband „Rosarechts" zu nennen, woraufhin Jonathan sein Armband „Lilalinks" nennt. „Das Armband kommt an meinen linken Arm, denn ich bin Linkshänder", erklärt Jonathan stolz. „Gut", antwortet Mia, „dann kommt mein Armband an den rechten Arm, denn ich bin Rechtshänderin. Jetzt wissen wir auch immer, wo links und rechts ist. Das ist eine super Erfindung! Komm, wir zeigen ‚Lilalinks' und ‚Rosarechts' meiner Mutter." Mia und Jonathan springen auf und rennen in die Küche.

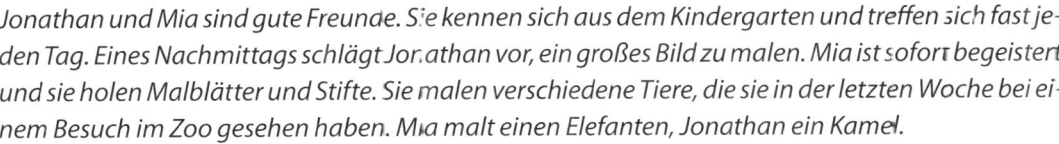

Zum Abschluss der Geschichte basteln sich alle Kinder ein „Lilalinks"- oder ein „Rosarechts"-Armband. Außerdem werden sie dazu angeregt, ebenfalls ein Tierbild zu malen: mal mit ihrer starken und mal mit ihrer schwachen Hand!

Hinweis: Diese Bilder eignen sich gut als Ergänzung für die Bildungsdokumentationsarbeit.

Variante

An die Geschichte lässt sich ein Spiel im Stuhlkreis anschließen, bei dem die Armbänder als Hilfestellung dienen. Dazu basteln sich alle Kinder zwei Armbänder. Die Spielleitung ruft den Kindern verschiedene Kommandos zu, die sie nacheinander ausführen, z. B.: „Alle rechten Hände zappeln wild." Oder: „Alle linken Hände trommeln auf den Boden." Haben die Kinder Sicherheit im Spielverlauf gewonnen, kann auch ein Kind den Part der Spielleitung übernehmen.

Weitere Motorik-Spielanlässe

Spiele für die Feinmotorik

- **Gestalten mit Alltags- und Naturmaterialien:** Bänder, Schnüre, Fäden, Wolle, Märchenwolle, Papierstreifen, Federn, Stoffreste, Joghurtbecher, Bierdeckel, Eierkartons, (Geschenk-)papiere, Zeitungen, Zeitschriften, Pappen, Pappröhren, Kartons, Korken, Büroklammern, Schläuche …; Blätter, Blüten, Kastanien, Nüsse, Eicheln, Maiskörner, Wurzeln, Stöcke, Zweige, Baumscheiben, Moos, Steine …
- **Vielfältige Malanlässe schaffen:** Wasserfarben, Filz-, Bunt-, Wachsmalstifte, Fingerfarben, Schminke, große und kleine Papiere, verschiedene Papierarten, Pinsel, Schwämme, Wattestäbchen, Stempel, Malen am Tisch, auf dem Boden, an der Wand, am Fenster, Gesichter schminken, Malen mit Fingern, Füßen, Mund …
- **Spielzeuge und -materialien anbieten:** kleine Kreisel, Murmeln, Perlen zum Auffädeln, Wühlkiste mit Sand/Blättern, Knöpfe, Fingerhüte, Wäscheklammern, Ringe, Schrauben, Muttern, Unterlegscheiben, Dübel, kleine Fliesen, Glassteine, Muggelsteine, Geldmünzen aus verschiedenen Ländern, Kleidungsstücke mit verschiedenen Verschlüssen zum Verkleiden (Reißverschlüsse, Druckknöpfe, Knöpfe …) …
- **Handwerkliche Angebote:** Nägel in Holzbalken hämmern, Holz schmirgeln, Wolle aufwickeln, Webrahmen anbieten, Knöpfe annähen, nähen mit Lochpappe, Pappmaschee, Tonen …

Spiele für die Grobmotorik

- **Ballspiele:** Werfen und Fangen, Prellen, Rollen, Zielen, Schießen, „Hase und Jäger", „Schweinchen in der Mitte" …
- **Laufspiele:** Fangen, Paarfangen, Kettenfangen, Staffellauf, „Feuer – Wasser – Erde – Luft", „Kartoffellauf", „Fischer, Fischer", „Plumpssack", „Reise nach Jerusalem" …
- **Kletterspiele:** Klettern an der Sprossenwand, Kletterparcours mit Kästen, Bänken, Kletterwand, Spielhügel, Kletterseile etc., Klettern in der Natur, auf Bäumen, Findlingen etc.
- **Geschicklichkeitsspiele:** „Topf schlagen", „Gummitwist", „Hüpfekästchen", Boule-Spiel, „Steine hüpfen", Murmelspiel, Seilspringen
- **Sonstiges:** verschiedene Kinderfahrzeuge anbieten, z.B. Roller, Laufrad, Dreirad, Tretfahrzeuge …, Bewegungs- und Sinneserfahrungsmöglichkeiten schaffen, z.B. Wackelbrett, Bällchenbad, Hängematte, Hüpftiere etc.

Dokumentationstabelle Motorik

Name & Alter der Kinder:	1.	2.	3.	4.
Frage	**Beobachtungs-schwerpunkt**	**Spielanlass**	**Name**	**Datum**	**Beobachtung**
		Feinmotorik			
Wie hält das Kind den Stift (Dreifingergriff, Faustgriff etc.)?	Stifthaltung	Dschungel-Abenteuer → S. 15 Wir gehen in den Zirkus → S. 19 Die Achterbahnfahrt → S. 22 Lilalinks und Rosarechts → S. 24			
Wie ist die Druckausübung auf den Stift (fest, leicht, ange-messen etc.)?	Druckausübung auf Stifte	Dschungel-Abenteuer → S. 15 Wir gehen in den Zirkus → S. 19 Die Achterbahnfahrt → S. 22 Lilalinks und Rosarechts → S. 24			
Welche Hand benutzt das Kind beim Malen?	Händigkeit	Dschungel-Abenteuer → S. 15 Wir gehen in den Zirkus → S. 19 Die Achterbahnfahrt → S. 22 Lilalinks und Rosarechts → S. 24			

Frage	Beobachtungs-schwerpunkt	Spielanlass	Name	Datum	Beobachtung
Wie gestaltet das Kind ein Bild (mehrere detaillierte Objekte, verstreute Striche und Punkte etc.)?	Bildgestaltung				
Aus wie vielen Teilen bestehen seine Menschen?	Zeichnung von Menschen	Dschungel-Abenteuer → S. 15 Wir gehen in den Zirkus → S. 19			
Ist das Kind in der Lage, über die Körpermitte hinaus zu malen?	Über die Körpermitte malen	Die Achterbahnfahrt → S. 22			
Kann das Kind beim Zeichnen vorgegebene Linien/Begrenzungen einhalten (z.B. in einem Malbuch, Linien nachmalen etc.)?	Zeichenlinien-/Begrenzungen einhalten	Die Achterbahnfahrt → S. 22			

Frage	Beobachtungs-schwerpunkt	Spielanlass	Name	Datum	Beobachtung
Kann das Kind Buchstaben oder Zahlen abschreiben?	Buchstaben/Zahlen abschreiben				
Kann das Kind geometrische Figuren, Linien, Kreuze ab- oder nachzeichnen?	Geometrische Figuren zeichnen				
Wie verhält sich das Kind im Umgang mit der Schere?	Scherenbenutzung				
Kann das Kind Verschlüsse schließen (Klettverschluss, Schleife, Reißverschluss, Druckknopf etc.)?	Verschlüsse schließen				

Frage	Beobachtungs-schwerpunkt	Spielanlass	Name	Datum	Beobachtung
Hantiert das Kind geschickt mit kleinen Gegenständen oder führt damit feinmotorische Handlungen aus (Perlen auffädeln, Legematerial nutzen, Pinzettengriff etc.)?	Fingerfertigkeit	Die Hand, die fängt jetzt an ↑ S. 21 Flinke Finger – flinke Füße ↑ S. 23 Herr Edel und Herr Galant ↑ S. 24 Lilalinks und Rosarechts ↑ S. 24			
Wie verhält sich das Kind beim Essen (Mundmotorik, Sauberkeit, Verwendung von Besteck, angemessenes Verlassen des Essplatzes etc.)?	Essverhalten				

Grobmotorik

Frage	Beobachtungs-schwerpunkt	Spielanlass	Name	Datum	Beobachtung
Kann das Kind eine Treppe mit dem Wechselschritt bewältigen?	Treppenbenutzung				
Kann das Kind einen Schlusssprung ausführen?	Schlusssprung	Dschungel-Abenteuer ↑ S. 15 An die Welt da draußen ↑ S. 17 Ich kann hüpfen ↑ S. 18 Wir gehen in den Zirkus ↑ S. 19 Herr Edel und Herr Galant ↑ S. 24			

Frage	Beobachtungs-schwerpunkt	Spielanlass	Name	Datum	Beobachtung
Steht das Kind im sicheren Einbeinstand?	Einbeinstand	Dschungel-Abenteuer → S. 15 Wir gehen in den Zirkus → S. 19 Herr Edel und Herr Galant → S. 24			
Kann das Kind mehrmals links wie rechts auf einem Bein hüpfen?	Auf einem Bein hüpfen	Ich kann hüpfen → S. 18 Wir gehen in den Zirkus → S. 19 Flinke Finger – flinke Füße → S. 23			
Wie klettert das Kind auf ein Hindernis (geschickter Körpereinsatz, überwindet angemessene Distanz etc.)?	Klettern	Dschungel-Abenteuer → S. 15			
Ist das Kind in der Lage, beim Balancieren sein Gleichge-wicht zu halten?	Gleichgewicht halten	Dschungel-Abenteuer → S. 15 Wir gehen in den Zirkus → S. 19			

Frage	Beobachtungs-schwerpunkt	Spielanlass	Name	Datum	Beobachtung
Beherrscht das Kind Vorwärts- und Rückwärtsrolle?	Vorwärts-/Rückwärts-rolle	Wir gehen in den Zirkus → S. 19			
Ist die Auge-Hand-, Auge-Fuß-Koordination angemessen entwickelt (Gegenstände gezielt greifen, Ball schießen etc.)?	Koordination	Dschungel-Abenteuer → S. 15 An die Welt da draußen → S. 17 Beim Reitturnier → S. 17 Ich kann hüpfen → S. 18 Wir gehen in den Zirkus → S. 19 Die Hand, die fängt jetzt an → S. 21 Die Achterbahnfahrt → S. 22 Flinke Finger – flinke Füße → S. 23 Herr Edel und Herr Galant → S. 24			
Schafft das Kind es, über eine angemessene Strecke rück-wärts/seitwärts zu laufen?	Rückwärts-/Seitwärts-laufen	Ich kann hüpfen → S. 18 Wir gehen in den Zirkus → S. 19			
Führt das Kind Überkreuz-bewegungen aus (rechte Hand berührt linke Schulter etc.)?	Überkreuzbewegungen	Die Achterbahnfahrt → S. 22			

Frage	Beobachtungs-schwerpunkt	Spielanlass	Name	Datum	Beobachtung
Ist das Kind in der Lage, eine Strecke über 10 m koordiniert zu laufen?	Koordiniertes Laufen	Dschungel-Abenteuer → S. 15 An die Welt da draußen → S. 17 Beim Reitturnier → S. 17 Wir gehen in den Zirkus → S. 19			
Führt das Kind den Hampel-mann-Sprung aus?	Hampelmann-Sprung	Wir gehen in den Zirkus → S. 19			
Kann sich das Kind beim Schaukeln selbst Schwung geben?	Schaukeln				
Kann das Kind verschiedene Kinderfahrzeuge sicher benutzen (Roller, Dreirad, Fahrrad etc.)?	Umgang mit Kinderfahrzeugen				

Frage	Beobachtungs-schwerpunkt	Spielanlass	Name	Datum	Beobachtung
Ist das Kind in der Lage, einen Ball aus einer Entfernung von ca. 3 m zu fangen und gezielt zu werfen?	Werfen/Fangen	Dschungel-Abenteuer → S. 15 Wir gehen in den Zirkus → S. 19			
Kann das Kind seine Körperkraft gezielt einsetzen und einschätzen?	Umgang mit Körperkraft	Dschungel-Abenteuer → S. 15 Beim Reitturnier → S. 17 Wir gehen in den Zirkus → S. 19			
Kann das Kind an einer Bewegungseinheit ausdauernd teilnehmen?	Ausdauer	Dschungel-Abenteuer → S. 15 An die Welt da draußen → S. 17 Beim Reitturnier → S. 17 Wir gehen in den Zirkus → S. 19			
Ist das Kind in der Lage, den Zehen-/Hackengang auszuführen?	Zehen-/Hackengang	Dschungel-Abenteuer → S. 15 Ich kann hüpfen → S. 18 Herr Edel und Herr Galant → S. 24			

Frage	Beobachtungs-schwerpunkt	Spielanlass	Name	Datum	Beobachtung
Wie ausgeprägt ist der Bewegungsdrang?	Bewegungsdrang	Dschungel-Abenteuer → S. 15 An die Welt da draußen → S. 17 Beim Reitturnier → S. 17 Ich kann hüpfen → S. 18 Wir gehen in den Zirkus → S. 19			
Hat das Kind eine angemessene Körperspannung (federt Sprünge und Stöße etc. gut ab)?	Körperspannung	Dschungel-Abenteuer → S. 15 An die Welt da draußen → S. 17 Beim Reitturnier → S. 17 Ich kann hüpfen → S. 18 Wir gehen in den Zirkus → S. 19			

Bildungsbereich Sprache

Laute, Wörter & Geschichten

Haben Hexen Angst?

Diese Bildwörter-Geschichte ist besonders geeignet für die Beobachtung der Aussprache des S-Lautes im Anlaut, im Auslaut sowie im Inlaut.

Alter: ab 4 Jahren
Anzahl: max. 4 Kinder
Material: evtl. 1 kleiner Leuchtstein pro Kind
Beobachtungsschwerpunkte: Grammatik, Plural, Vergangenheit / Gegenwart, Ich-Form, Artikulation, Sprachfluss, Mundmotorik, Wortschatz, Sinnhaftes Nacherzählen, Umsetzen sprachlicher Anweisungen

Die Spielleitung spricht mit den Kindern im Sitzkreis über Einschlafrituale. Welche Rituale praktizieren die Kinder zu Hause, z. B.: Gutenachtgeschichten, Schnuller, Kuscheltuch, Nachtlicht etc.?
In der folgenden Vorlesegeschichte ergänzen die Kinder die eingefügten Bilder selbstständig durch Wörter.

Sina von Hexenberg ist eine kleine Hexe, die mit ihrer Familie in einem am Waldrand lebt.

Ihre Familie, das sind Mama, Papa und Rosi, Sinas kleine Schwester.

Sina fährt jeden Morgen mit dem in die für Hexerei, denn das Fliegen auf ihren

ist kleinen Hexen nur in der Schule erlaubt. Sina hat dort schon viel gelernt: Zum Beispiel kann

sie herbeizaubern oder ihr in der Luft schweben lassen. Oh ja, Sina ist eine be-

gabte kleine Hexe und wäre sehr glücklich – wenn es da nicht das kleine Problem mit dem Einschla-

fen gäbe.

Jeden Abend, wenn die untergeht, muss Sina ins Bett. Die Mutter löscht das Licht – und

dann bekommt Sina Angst. Sina weiß nicht genau, woher sie kommt. Sie ist jeden Abend einfach

da. Im Halbdunkel zieht sie ihre Bettdecke bis unter die und drückt sich ganz fest in ihr

. Hat sich da nicht gerade die Gardine am bewegt? Was macht die große

da an ihrer Zimmerdecke? Kam da nicht ein unheimliches Geräusch aus dem ?

Nein, so kann sie nicht schlafen. Sie ruft nach ihrer Mutter. Die kommt sofort und knipst das Licht an. „Ich kann nicht schlafen. Mein dunkles Zimmer macht mir Angst", jammert Sina. „Aber du brauchst doch keine Angst zu haben", sagt ihre . „Schau mal, alles ist in Ordnung." Sie knipst das Licht mehrere Male hintereinander an und aus, um Sina klarzumachen, dass sie sich nicht fürchten muss.

Die Mutter gibt Sina einen Gutenacht- und verlässt das Zimmer. Sina ist wieder im Halbdunkel allein. Aber da ist es schon wieder, dieses unangenehme Gefühl im . Sina macht das Licht noch einmal an – und die Angst ist wieder weg. „Ich kann doch nicht jeden Abend mit Licht einschlafen." Sina schlägt wütend mit der auf ihren Nachttisch. „Das geht nicht, da muss es doch eine andere Lösung geben." Sie überlegt.

„Ha! Jetzt hab ich's!", ruft sie plötzlich. Sie steht auf und kramt in ihrer Spielzeugkiste. „Da sind sie ja!" Sina hält eine Handvoll kleiner in die Höhe. Diese hat sie in der letzten Woche beim Spielen auf der gefunden. Sie nimmt einen Stein und ihren Zauberstab und murmelt einen Zauberspruch:

„Hokus, pokus, gelbe , das Licht bleibt an und geht nicht aus.

Hokus, pokus, Schwabbel- , leuchten kann der Zauber- .

Und tatsächlich: Schon beginnt der zu leuchten, sodass ein sanftes Licht das Zimmer etwas erhellt. „Super, es klappt", ruft sie. „Sehr schön, jetzt ist es ein bisschen heller." Sina kichert vor sich hin: „Ab heute schlafe ich immer mit meinem Zauber- . Und wenn ich ihn ansehe, werde ich daran erinnert, dass ich keine Angst im Dunkeln haben muss!"

Die Spielleitung wiederholt mit den Kindern kurz den Inhalt der Geschichte. Wie kommt Sina morgens in die Schule? Was kann Sina schon herbeizaubern etc.? Als Gruß von Sina kann den Kindern zum Abschluss ein kleiner Leuchtstein mitgegeben werden.

Hinweis: Die Spielleitung achtet darauf, dass sie selbst die „Wortbilder" korrekt wiederholt und somit ein gutes Sprachvorbild darstellt. Dabei sollte sie die Aussprache der Kinder nicht direkt verbessern, um die Sprachfreude nicht zu bremsen, sondern das Wort nur richtig wiederholen, z. B.: „Richtig, sie leben alle in einem kleinen Haus am Waldrand."

Zwei hungrige Fliegen

Ein Fingerspiel, das passend zu einem Rahmenthema, zur Auflockerung zwischendurch oder als Pausenfüller verwendet werden kann.

Alter: ab 3 Jahren
Beobachtungsschwerpunkte: Artikulation, Sprachfluss, Lautstärke, Mundmotorik, Umsetzen sprachlicher Anweisungen

Die Spielleitung macht das Fingerspiel im Stuhlkreis vor, während die Kinder den Text nachsprechen und die Bewegungen nachahmen.

Zwei Fliegen fliegen über die Weide, *da liegt ein Fladen wie eine Scheibe.*	beide Zeigefinger durch die Luft bewegen
Die eine schnuppert in der Luft: „*Mmmhhh, welch angenehmer Duft.* *Dort möchte ich in Ruhe sitzen* *und ein Häppchen mir stibitzen.*"	schnuppern einen Zeigefinger auf den Handteller der anderen Hand setzen
Die zweite Fliege, brumm, brumm, brumm, *fliegt dreimal um den Fladen rum.* *Und jetzt gib acht, pass nur gut auf:* *Sie setzt sich auch noch oben drauf!*	mit dem anderen Zeigefinger drei Kreise in der Luft machen der Mittelfinger setzt sich ebenfalls auf den Handteller
Die Fliegen naschen von dem Fladen, *in dem sie hocken mit den Waden.*	Zeigefinger ein Stück zwischen den Fingern der anderen Hand hindurchrutschen lassen
Bald haben sie genug vom Duft *und schwirren wieder durch die Luft.*	beide Zeigefinger wieder durch die Luft bewegen

Hinweis: Im Anschluss an das Fingerspiel kann sich das Spiel „Willi die Fliege" anschließen (→ S. 52).

Wörterkönig

Alter: ab 5 Jahren
Beobachtungsschwerpunkte: Artikulation, Quatschwörter, Umsetzen sprachlicher Anweisungen

Das Spiellied wird im Stuhlkreis gespielt. Ein Kind geht als „Wörterkönig" vor die Gruppentür, während sich

die anderen Kinder kurz ein Wort ausdenken, zu dem der Wörterkönig ein beliebiges Reimwort finden soll, z. B. „Hund".
Das Kind wird wieder hereingeholt, stellt sich in die Kreismitte und alle singen zusammen das Lied bis zur Wiederholung „*... ja, was ich kann, ist nicht wenig.*"

In die folgende Pause rufen die Kinder aus dem Kreis das Reimwort hinein. Der Wörterkönig überlegt kurz und antwortet z. B. : „bunt".

Zum Schlussteil des Lieds streckt er den Arm nach vorne aus und hüpft zu jeder Silbe von „Ri-ra-rum" einmal in die Luft. Dabei dreht er sich im Kreis herum. Das Kind, auf das der Wörterkönig beim letzten Ton mit dem Arm zeigt, ist der neue Wörterkönig.

Hinweise:
- Findet ein einzelner Wörterkönig kein passendes Reimwort, kann er nach kurzem Nachdenken die Kinder aus dem Kreis fragen.
- Trauen sich z. B. jüngere oder schüchterne Kinder noch nicht allein in die Mitte, werden mehrere Wörterkönige ernannt, die sich gemeinsam ein Reimwort ausdenken.

Die Zwergenfüße

Dieses Fingerspiel eignet sich gut zur Auflockerung zwischendurch, zur Überbrückung von Wartesituationen oder zur humorvollen Sauberkeitserziehung.

Alter: ab 3 Jahren
Anzahl: max. 8 Kinder
Beobachtungsschwerpunkte: Artikulation, Sprachfluss, Lautstärke, Mundmotorik, Umsetzen sprachlicher Anweisungen

Die Kinder sitzen im Stuhlkreis und machen gemeinsam mit der Spielleitung die passenden Bewegungen zum deutlich gesprochenen Fingerspieltext.

Heut' treffen wir den kleinen Zwerg	Größe des Zwergs zeigen
mit furchtbar schwarzen Füßen.	Nase zuhalten und Gesicht verziehen
Er wohnt auf einem hohen Berg,	Größe des Bergs anzeigen
nun woll'n wir ihn begrüßen.	zuwinken
Da kommt der Riese Saubermann	Größe des Riesen anzeigen
und schaut des Zwerges Füße an.	Füße anheben und anschauen
„Das stinkt ja bis zum Himmel	
wie fieser grüner Schimmel!"	Nase zuhalten und Gesicht verziehen

*Er spricht: „So kann's nicht bleiben!
Da muss man tüchtig reiben
mit Bürste, Wasser, Seife, Tuch –
ja, jetzt ist's genug."*

*„Danke, Riese", sagt der Zwerg,
„das war ein wirklich gutes Werk!
Darum gibt es nun zum Schluss
einen dicken Abschiedskuss!"*

pantomimisch Füße säubern

Daumen hochhalten

Kusshand nach oben werfen

Hinweise:
- Der Fokus sollte mittelfristig darauf liegen, dass die Kinder den Text gut lernen und korrekt aussprechen, statt nur die Bewegungen mitzumachen.
- Vor allem wenn die Kinder den Text schon kennen, eignet er sich sehr gut für sprachliche Beobachtungen!

Begriff-Memory

Dieses Memory deckt die Aussprache vieler Vokale, Konsonanten und deren Verbindungen ab und bietet dadurch zahlreiche Beobachtungsanlässe zum Thema Sprache.

Alter: ab 4 Jahren
Anzahl: max. 4 Kinder
Material: Tonkarton
Beobachtungsschwerpunkte: Grammatik, Plural, Vergangenheit / Gegenwart, Ich-Form, Artikulation, Sprachfluss, Lautstärke, Mundmotorik, Wortschatz

Vorbereitung
Die Spielleitung kopiert die Memorykarten von S. 41 in doppelter Ausführung. Diese klebt sie auf Tonkarton auf und schneidet sie aus. Damit die Karten länger halten, können sie zusätzlich laminiert werden.

Spielablauf
Das Spiel wird nach den bekannten Memoryregeln gespielt. Der Beobachtungsschwerpunkt bei den Motiven liegt bei der korrekten Aussprache folgender Konsonanten, Vokale und deren Verbindungen:
Krone – kr, Würfel – ü, Katzen – tz, Knochen – kn, Briefe – br, Trampolin – tr, Drachen – dr, Flasche – fL, Pflaume – pfl, Blätter – bl, Glocke – gl, Clown – kl, Fliege – fl, Säge – ä, Gabel – a / e.

Die Spielleitung achtet darauf, dass die Kinder beim Spiel alle Wörter laut aussprechen, wenn sie eine Karte aufdecken. So gewinnt sie einen guten Überblick über die aktuelle Sprachfähigkeit der einzelnen Kinder.

Varianten
- Anhand ausgewählter Memorykarten lassen sich auch Bildwörter-Geschichten erzählen, d.h. die Spielleitung erzählt eine Geschichte, in der die Memory-Begriffe vorkommen, und zeigt den Kindern statt der Wörter die entsprechende Karte. Die Kinder ergänzen das Wort in der Geschichte selbstständig, z.B.:
  „Der König saß mit seiner goldenen (Krone) *auf dem Kopf beim* (Würfel)*spiel. Vor seinen Füßen hatten sich seine Lieblings*(katzen) *Mimi und Maunzi zusammengerollt …"*
- Die Kinder erfinden anhand der Karten selbst eine Geschichte. Dazu suchen sie sich max. fünf Karten aus und versuchen, alle Begriffe in einer kurzen Geschichte einmal oder mehrmals zu verwenden.
- Manche Memorykarten können genutzt werden, um mit den Kindern Oberbegriffe zu definieren, z.B.: Fliege – Tier, Säge – Werkzeug, Gabel – Besteck. Finden die Kinder noch zu weiteren Begriffen Oberkategorien?

Hinweise:
- Der Vorteil beim freien Geschichtenerzählen ist, dass die Formulierung ganzer Sätze und der Gebrauch der Grammatik bei den Kindern beobachtet werden kann. Beim Memoryspiel dagegen liegt der Schwerpunkt auf der Aussprache einzelner Wörter.
- Die Spielleitung sollte sich Notizen zu den Geschichten machen, die die Kinder um die Karten herum erfinden. Diese Geschichten eignen sich hervorragend zur Ergänzung der Bildungsdokumentationen.

Kuchen versuchen

Alter: ab 3 Jahren
Anzahl: max. 8 Kinder
Beobachtungsschwerpunkte: Artikulation,
Sprachfluss, Lautstärke, Mundmotorik, Umsetzen
sprachlicher Anweisungen

Hallo Jan!	auf ein Kind zeigen
Magst du einen Kuchen versuchen?	mit den Armen Umfang eines großen Kuchens andeuten
Den mit Schokolade – mmmhhh,	
und mit bunten Streuseln – mmmhhh,	
und mit ganz viel Sahne – mmmhhh?	sich den Bauch reiben
Jaaaaa!	laut rufen
Lecker, lecker, lecker – mmmhhh,	
der Kuchen ist vom Bäcker – mmmhhh!	pantomimisch Kuchen essen
Und nun verrat mir bitte doch:	
Welchen Kuchen liebst du noch?	Lieblingskuchen aufzählen

Hinweis: Ist den Kindern der Text schon vertraut, wird
er in unterschiedlichen Stimmlagen und Lautstärken
gesprochen: mal hoch, mal sehr tief, laut gerufen, geflüstert … Das stärkt die Stimm- und Sprechorgane
und regt die Modulationsfähigkeit beim Sprechen an.

Bildergeschichte

*In dieser Bildergeschichte stehen der S-Laut und seine
Verbindungen wie „sch", „st" oder „sp" im Mittelpunkt.*

Alter: ab 5 Jahren
Anzahl: 1–2 Kinder
Material: Malsachen
Beobachtungsschwerpunkte: Grammatik, Plural,
Vergangenheit/Gegenwart, Ich-Form, Artikulation,
Sprachfluss, Lautstärke, Mundmotorik , Wortschatz

Die Spielleitung kopiert für jedes Kind die Vorlage der
Bildergeschichte. Sie setzt sich mit ein oder zwei Kindern in Ruhe an einen Tisch und lässt sie die Geschichte anhand der Bilder nacherzählen.
Die Geschichte bietet viele Sprachanlässe, die ein „s"
und Verbindungen mit anderen Lauten enthalten
(s. u.). Die Spielleitung achtet darauf, dass die Kinder
diese Wörter in ihrer Erzählung auch verwenden.
Wenn nötig, kann sie die Kinder dabei unterstützen,
Details auf den Bildern zu erkennen und diese in ihre
Erzählung einzubeziehen.

Die Kinder sitzen im Stuhlkreis. Beim Lernen und Wiederholen des Fingerspiels achtet die Spielleitung auf
eine deutliche Aussprache. Am Ende berichten die Kinder von ihrem Lieblingskuchen.

1. Bild: Ein Junge hat eine Gebur**st**agskrone mit der
Zahl **Sechs** auf dem Kopf. Er sitzt auf einem **St**uhl. Vor
ihm auf dem Ti**sch** steht ein Gebur**st**agskuchen. Seine Eltern und seine **Sch**wester stehen hinter dem
Stuhl. An der Wand hängt ein **Sp**iegel.
2. Bild: Der Junge pu**st**et seine Gebur**st**agskerzen
aus. Seine Eltern und seine **Sch**wester klat**sch**en Bei-
fall.
3. Bild: Der Junge sitzt auf dem Boden. Ein Ge**sch**enk
hat er schon ausgepackt. Er packt das zweite Gebur**s**-
tagsge**sch**enk aus. Das Ge**sch**enk ist mit einer schönen **Sch**leife verziert. Der Junge kann sie nicht öffnen.
Die Mutter kommt ihm mit einer **Sch**ere zu Hilfe.
4. Bild: Der Junge wickelt sein Ge**sch**enk aus. Vor ihm
steht eine Ki**st**e. Er hebt den Deckel an und entdeckt …?
5. Bild: Die Kinder malen das fünfte Bild selbst. Was
könnte in der Kiste sein? Was bekommt der Junge zum
Geburtstag geschenkt?

Hinweis: Die Spielleitung achtet darauf, das die Kinder
in ganzen Sätzen sprechen und die Wörter mit „s" richtig ausgesprochen werden. Um die Sprachfreude der
Kinder nicht auszubremsen, verbessert die Spielleitung sie nicht direkt, sondern wiederholt die Sätze einfach korrekt als Sprachvorbild, z. B.: *„Genau, auf dem
ersten Bild trägt das Kind eine Geburtstagskrone …"*

Schubi, dubi, dase

Dieses Körpererfahrungsspiel lässt Beobachtungen der Aussprache von Vokalen, Konsonanten und deren Verbindungen zu.

Alter: ab 3 Jahren
Anzahl: max. 8 Kinder

*Schubi, dubi, dase,
das ist meine Nase.
Schubi, dubi, dor,
schau her, das ist mein Ohr.*

*Schubi, dubi, dauge,
hier, das ist mein Auge.
Schubi, dubi, dund,
ich hab' auch einen Mund.*

*Schubi, dubi, dein,
hier, das ist mein Bein.
Schubi, dubi, darm,
ich zeig euch meinen Arm.*

*Schubi, dubi, dich,
ja, alles das bin ich.
Schubi, dubi, ditzeln,
du kannst mich auch kitzeln.*

*Schubi, dubi, deise,
nun werde ich ganz leise.
Schubi, dubi, duss,
und jetzt mach ich Schluss!*

auf die Nase zeigen

auf ein Ohr zeigen

auf ein Auge zeigen

auf den Mund zeigen

ein Bein ausstrecken

einen Arm ausstrecken

auf die Brust zeigen

das Nachbarkind kitzeln

leise sprechen

laut in die Hände klatschen

Beobachtungsschwerpunkte: Artikulation, Sprachfluss, Lautstärke, Mundmotorik, Quatschwörter, Umsetzen sprachlicher Anweisungen

Das Spiel wird im Stuhlkreis gespielt. Die Spielleitung achtet darauf, dass die Kinder sie gut sehen können. Sie sollen freie Sicht auf ihren Mund haben, damit sie die „Quatschwörter" exakt nachsprechen können.

Hinweise:
- Durch die Flexibilität der Quatschwörter lassen sich beliebige weitere Körperteile einbauen, z. B.: *„Schubi, dubi, dauch, schau her, das ist mein Bauch"* oder *„Schubi, dubi, dirn, das ist meine Stirn"* etc.
- Da die Quatschwörter keinen inhaltlichen Sinn ergeben, müssen die Kinder sehr gut zuhören. Das setzt bei der Spielleitung eine deutliche Artikulation voraus und schult bei den Kindern die Konzentrationsfähigkeit und das Umsetzen von Gehörtem in Gesprochenes.
- Wird das Fingerspiel statt mit *„Schubi, dubi"* mit *„Honki, tonki"* oder *„hokus, pokus"* etc. aufgesagt, lässt sich die Verwendung anderer Laute bzw. Konsonanten beobachten.

Der Drache

Alter: ab 3 Jahren
Anzahl: max. 8 Kinder
Beobachtungsschwerpunkte: Grammatik, Artikulation, Sprachfluss, Lautstärke, Mundmotorik, Umsetzen sprachlicher Anweisungen

Die Spielleitung spricht das Fingerspiel mit den Kindern im Stuhlkreis und macht die passenden Bewegungen dazu vor. Zum Schluss beratschlagen die Kinder, was der Drache wohl bewachen könnte …

Mantur heißt ein großer Drache,
hält vor seiner Höhle Wache.
Was, glaubt ihr, bewacht er wohl,
einen alten Blumenkohl?

Vielleicht bewacht er auch gerade
einen Berg aus Schokolade?
Oder einen Kieselstein?
Nein, das kann wohl doch nicht sein.

Was der Drache hier bloß will?
Feuer spucken mit Gebrüll?
Vielleicht kannst du es mir ja sagen –
oder deinen Nachbarn fragen?

mit den Händen eine Höhle formen
Zeigefinger überlegend ans Kinn legen

mit den Armen einen Berg darstellen

Kopf schütteln

fauchen

Hinweis: Dieses Fingerspiel kann passend zu den Mantur-Geschichten gespielt werden (→ S. 75 ff.), z. B. als Einstieg oder Abschluss.

Wie beginnt dein Tag?

Eine Mitmachgeschichte, die die Kinder animiert Sätze zu korrigieren und konzentriert der Geschichte zu folgen.

Alter: ab 4 Jahren
Anzahl: max. 8 Kinder
Material: Zahnbecher und -bürste, Waschlappen, Kamm, Tasse, Ball, Schellenkranz, Blume, Kleidungsstück(e)
Beobachtungsschwerpunkte: Grammatik, Plural, Ich-Form, Artikulation, Sprachfluss, Lautstärke, Mundmotorik, Wortschatz, Sinnhaftes Nacherzählen, Umsetzen sprachlicher Anweisungen

Alle Materialien werden in der Sitzkreismitte ausgebreitet. Die Spielleitung fragt die Kinder, was sie davon brauchen, wenn sie morgens aufstehen – und was brauchen sie auf keinen Fall? Haben sie bestimmte Rituale beim Aufstehen? Was tun sie alles, bevor sie in die Kita kommen?
Die Spielleitung liest ihnen die folgende Mitmach-Geschichte vor. Die Inhalte werden von allen pantomimisch nachgeahmt (aufstehen, gähnen, Zähne putzen …). Die Kinder erhalten dabei den Auftrag, aufmerksam zuzuhören und darauf zu achten, ob sie Fehler in der Geschichte finden, die sie nach ihrem Ermessen korrigieren. Die Spielleitung achtet darauf, dass die Kinder den ganzen Satz mit der Verbesserung wiederholen und nicht nur ein korrigiertes Wort.

Wenn mich morgens meine Mutter für den Kindergarten weckt, recke und strecke ich mich erst mal in meinem Bett. Ich gähne ganz laut und dann lasse ich ganz vorsichtig meine Füße unter der Bettdecke hervorschauen. Ich bewege jeden Zeh einzeln und ziehe mir noch einmal die Bettdecke über den Kopf. Das Bett ist noch so schön warm. Jetzt ist es aber wirklich Zeit zum Aufstehen. Mit einem Satz springe ich aus der Badewanne (aus dem Bett) und ziehe meine Gummistiefel (Hausschuhe) an, damit meine Füße nicht kalt werden.
Danach hüpfe ich einmal den Flur entlang bis zum Badezimmer – und schon bin ich wach nach der ganzen Hüpferei! Ich stelle mich vor den Spiegel ans Waschbecken und wasche als erstes mein Gesicht. Ich nehme dazu einen Waschlappen und halte ihn unter den laufenden Wasserkran. Der warme Tee (das warme Wasser) läuft über den Waschlappen und ich kann mich waschen. So, fertig!
Jetzt kommen die Zähne dran. Ich nehme meine Zahnbürste und drücke ein wenig Zahnpasta auf die Borsten. Dann halte ich die Bürste unter den laufenden Wasserkran, bis sie schön nass ist. Ich stecke die Zahnbürste in die Haare (in den Mund) und bürste kräftig, immer mit kreisförmigen Bewegungen, bis alle Haare (Zähne) schön sauber sind. Ich schaue noch einmal in den Spiegel und bin sehr zufrieden mit mir.
Danach gehe ich wieder in mein Zimmer, um mich anzuziehen. Den Schlafanzug lege ich zurück ins Bett. Dann ziehe ich erst meinen linken und dann meinen rechten Socken über meine Ohren (Füße). Nun noch schnell meine blaue Lieblingshose und das T-Shirt mit den grünen Streifen übergezogen – schon bin ich fertig!
Jetzt habe ich aber Hunger! Mein Papa hat sicher schon Frühstück gemacht wie jeden Morgen. Ich trinke morgens so gerne eine Tasse warmes Pfützenwasser (warmen Kakao). Vielleicht hat Papa mir heute Morgen auch ein But-

terbrot mit Fleischwurst gemacht. Die Wurst haben wir gestern extra im Supermarkt für mich gekauft. Und tatsächlich steht auf dem Küchentisch eine Tasse mit warmem Kakao und ein Fleischwurstbrot.

Als ich fertig gefrühstückt habe, ziehe ich mir meine Schuhe und meine Badehose *(Jacke)* an. Mama bringt mich jetzt zu Fuß zum Kindergarten. Vorher soll ich mir aber noch meine Haare kämmen. Ich nehme eine Gabel *(Bürste)* und mache mir eine hübsche Frisur.

Nun bin ich wirklich fertig für den Kindergarten. Ich freue mich schon sehr. Papa hat mir versprochen, mich nach der Arbeit mit dem Flugzeug *(Auto)* abzuholen.

Hinweise:
● Die Spielleitung kann selbst noch zusätzliche Fehler in die Geschichte einbauen oder die Geschichte um weitere Punkte im Tagesablauf erweitern.
● Die Kinder können selbst Quatschsätze erfinden, die von der Spielleitung korrigiert werden. Sie erzählen z. B. die Geschichte weiter, indem sie ihren Tagesablauf im Kiga beschreiben und dort Fehler einbauen.

Es war ein Frosch

Alter: ab 3 Jahren
Anzahl: max. 8 Kinder
Beobachtungsschwerpunkte: Artikulation, Sprachfluss, Lautstärke, Mundmotorik, Umsetzen sprachlicher Anweisungen

Die Spielleitung zeigt das Fingerspiel im Stuhlkreis. Sie achtet darauf, dass die Kinder nicht nur die Bewegungen nachmachen, sondern auch den Text eigenständig sprechen lernen.

Es war ein Frosch ganz grün, *der dachte ziemlich kühn:* *„Wenn ich ins Wasser springe,* *passieren tolle Dinge!"*	mit der Hand einen Frosch nachahmen pantomimisch mit dem Frosch ins Wasser springen
Ein Spritzer traf die Raupe, *die plötzlich böse schaute.* *Sie sagte: „Ihh! Pfui Spinne,* *wer macht denn solche Dinge?"*	mit einem Finger die Raupe darstellen böse gucken drohend den Zeigefinger heben

Das Wasser traf ein Schwein,	Schweineschnute ziehen
das wollte dreckig sein.	
Es grunzte: „Lass das sein,	
ich bin nicht gerne rein!"	drohend den Zeigefinger heben
Ein Tropfen traf den Floh,	mit einem Finger auf der flachen Hand
der sagte gleich: „Oh, oh!	einen Floh nachahmen
Jetzt bekomm' ich Schnupfen,	
muss mir die Nase putzen!"	drohend den Zeigefinger heben
Doch unser'm Frosch war klar:	Frosch darstellen
„Das Nass ist wunderbar!	
Wird jeder richtig nass,	
dann hab' ich meinen Spaß – juchhu!"	jubeln

Weitere Sprach-Spielanlässe

- Memory herstellen mit Bildern zu bestimmten Lauten und Lautverbindungen, z. B. *Spinne* für die Verbindung *„sp"* usw.;
- Schachtelgeschichten erfinden: Mehrere Gegenstände werden in eine Schachtel gelegt, die die Kinder in eine Geschichte einbeziehen;
- Bildergeschichten;
- Kettengeschichten;
- Zungenbrecher;
- Buchstaben aus verschiedenen Materialien herstellen und als Legematerial nutzen …

Spiele für die Mundmotorik

- Wattepusten mit und ohne Strohhalm;
- mit Strohhalmen Luftblasen im Wasser oder Schaum in Seifenlösung (erst ab 4 Jahren!) machen;
- Seifenblasen pusten;
- Luftschlangen pusten;
- Kerzen ausblasen;
- Federn durch Pusten in der Luft halten;
- Papiertüten aufblasen (und zerplatzen lassen);
- Farbkleckse auf Papier mit einem Strohhalm anpusten, sodass die Farbe verläuft;
- einen Zettel mit einem Strohhalm ansaugen;
- Spaghetti schlürfen;
- Krümel oder Streusel vom Teller auflecken …

Dokumentationstabelle Sprache

Name & Alter der Kinder:	1.	2.	3.	4.
Frage	**Beobachtungs- schwerpunkt**	**Spielanlass**	**Name**	**Datum**	**Beobachtung**

Frage	**Beobachtungs- schwerpunkt**	**Spielanlass**	**Name**	**Datum**	**Beobachtung**
Welche Muttersprache hat das Kind (Deutsch, Türkisch, Eng- lisch etc.)?	Muttersprache				

Grammatik

Frage	**Beobachtungs- schwerpunkt**	**Spielanlass**			
Spricht das Kind gramma- tikalisch richtig (richtiger Satzbau etc.)?	Grammatik	Haben Hexen Angst? → S. 36 Begriff-Memory → S. 40 Bildergeschichte → S. 42 Der Drache → S. 44 Wie beginnt dein Tag? → S. 45			
Bildet das Kind die richtige Form im Plural (Haus – Häuser, Fisch – Fische etc.)?	Plural	Haben Hexen Angst? → S. 36 Begriff-Memory → S. 40 Bildergeschichte → S. 42 Wie beginnt dein Tag? → S. 45			

Frage	Beobachtungs-schwerpunkt	Spielanlass	Name	Datum	Beobachtung
Benutzt das Kind die richtige Form der Vergangenheit, Gegenwart oder Zukunft wie „gestern", „heute", „morgen"?	Vergangenheit/ Gegenwart	Haben Hexen Angst? → S. 36 Begriff-Memory → S. 40 Bildergeschichte → S. 42			
Spricht das Kind von sich in der Ich-Form?	Ich-Form	Haben Hexen Angst? → S. 36 Begriff-Memory → S. 40 Bildergeschichte → S. 42 Wie beginnt dein Tag? → S. 45			
		Aussprache			
Kann das Kind alle Laute, Konsonanten und deren Verbindungen sprechen („st", „sch", „k" etc.)?	Artikulation	Haben Hexen Angst? → S. 36 Zwei hungrige Fliegen → S. 38 Wörterkönig → S. 38 Die Zwergenfüße → S. 39 Begriff-Memory → S. 40 Bildergeschichte → S. 42 Kuchen versuchen → S. 42 Schubi, dubi, dase → S. 44 Der Drache → S. 44 Wie beginnt dein Tag? → S. 45 Es war ein Frosch → S. 46			

Frage	Beobachtungs-schwerpunkt	Spielanlass	Name	Datum	Beobachtung
Ist der Sprachfluss angemessen (zu schnell, stockend, langsam etc.)?	Sprachfluss	Haben Hexen Angst? → S. 36 Zwei hungrige Fliegen → S. 38 Die Zwergenfüße → S. 39 Begriff-Memory → S. 40 Bildergeschichte → S. 42 Kuchen versuchen → S. 42 Schubi, dubi, dase → S. 44 Der Drache → S. 44 Wie beginnt dein Tag? → S. 45 Es war ein Frosch → S. 46			
Hat das Kind eine angemessene sprachliche Lautstärke?	Lautstärke	Zwei hungrige Fliegen → S. 38 Die Zwergenfüße → S. 39 Begriff-Memory → S. 40 Bildergeschichte → S. 42 Kuchen versuchen → S. 42 Schubi, dubi, dase → S. 44 Der Drache → S. 44 Wie beginnt dein Tag? → S. 45 Es war ein Frosch → S. 46			
Ist die Mundmotorik angemessen entwickelt (Kontrolle des Speichelflusses, richtiger Einsatz der Zunge etc.)?	Mundmotorik	Haben Hexen Angst? → S. 36 Zwei hungrige Fliegen → S. 38 Die Zwergenfüße → S. 39 Begriff-Memory → S. 40 Bildergeschichte → S. 42 Kuchen versuchen → S. 42 Schubi, dubi, dase → S. 44 Der Drache → S. 44 Wie beginnt dein Tag? → S. 45 Es war ein Frosch → S. 46			

Frage	Beobachtungs-schwerpunkt	Spielanlass	Name	Datum	Beobachtung
Ist das Kind in der Lage, Quatschwörter wie „re-mo-la-li", „pe-ki-po-si", „hokus-pokus" nachzusprechen?	Quatschwörter	Wörterkönig → S. 38 Schubi, dubi, dase → S. 44			

Wortschatz & Sprachverständnis

Frage	Beobachtungs-schwerpunkt	Spielanlass	Name	Datum	Beobachtung
Hat das Kind einen Wortschatz, der seinem Alter entspricht?	Wortschatz	Haben Hexen Angst? → S. 36 Begriff-Memory → S. 40 Bildergeschichte → S. 42 Wie beginnt dein Tag? → S. 45			
Ist das Kind in der Lage, Geschichten, Erzählungen oder Spielregeln verständlich und sinngemäß wiederzugeben?	Sinnhaftes Nacherzählen	Haben Hexen Angst? → S. 36 Wie beginnt dein Tag? → S. 45			
Kann das Kind sprachliche Anweisungen umsetzen?	Umsetzen sprachlicher Anweisungen	Haben Hexen Angst? → S. 36 Zwei hungrige Fliegen → S. 38 Wörterkönig → S. 38 Die Zwergenfüße → S. 39 Kuchen versuchen → S. 42 Schubi, dubi, dase → S. 44 Der Drache → S. 44 Wie beginnt dein Tag? → S. 45 Es war ein Frosch → S. 46			

Bildungsbereich Kognition

Zahlen, Farben, Formen, Mengen

Willi die Fliege

Dieses Fingerspiel mit dem Schwerpunkt „Raum-Lage-Beziehungen" wird zwischendurch zur Auflockerung eingesetzt.

Alter: ab 3 Jahren
Material: Filzstift, Kreppklebeband

Das ist Willi, die Fliege.
Willi fliegt hierhin – sssssssss –
und dorthin – sssssssss.
Er fliegt nach links – sssssssss –
und nach rechts – sssssssss,
nach oben – sssssssss –
und nach unten – sssssssss.

Jetzt fliegt er auf deine Nase – sssssssss –
und von dort auf deine Hand – sssssssss!
Willi fliegt vor deine Faust – sssssssss –
und hinter deine Faust – sssssssss.
Er setzt sich auf die Faust – sssssssss –
und versteckt sich darunter – sssssssss.
Plötzlich fliegt Willi zum Fenster hinaus – sssssssss –
und schon ist er weg: sssssssss!

Tschüss Willi!

Beobachtungsschwerpunkte: Raum-Lage-Beziehungen, Erinnerungsvermögen, Konzentration

Die Fliege „Willi" wird von den Kindern mit erhobenem Zeigefinger dargestellt. Dazu malen sie sich auf die Fingerkuppe oder auf ein Stück Krepp-Klebeband, das sie sich um den Finger wickeln, ein Fliegengesicht.

Zeigefinger heben
Finger entsprechend dem Text bewegen

andere Hand als Faust ausstrecken
Finger entsprechend dem Text bewegen

Zeigefinger saust durch die Luft
Zeigefinger verschwindet hinter dem Rücken, das Summen wird immer leiser, bis es nicht mehr zu hören ist
winken

Hinweise:
- Wird die Geschichte verlängert, fliegt Willi noch in viele verschiedene Richtungen oder landet auf verschiedenen Körperteilen.
- Die Dreijährigen ahmen bei der Unterscheidung von links und rechts die Bewegungen der Spielleitung zur einen oder anderen Seite nach. Diese Unterscheidung erfolgt erst sicher im Vorschulalter, wird aber hier bereits angebahnt.

Fotosafari

Ein lustiges Bewegungsspiel mit dem Schwerpunkt auf der Beobachtung der Raum-Lage-Beziehungen.

Alter: ab 4 Jahren
Beobachtungsschwerpunkte: Raum-Lage-Beziehungen, Erinnerungsvermögen, Konzentration

Das Bewegungsspiel wird im Stuhlkreis angeleitet. Die Kinder ahmen die Bewegungen der Spielleitung nach und alle sprechen gemeinsam den sich wiederholenden Text. Bei den Worten *„wir schauen hinter … vor …*

neben …" drehen und beugen sich die Kinder so, dass sie mit großer Geste hinter ihren Stuhl, vor den Stuhl oder auf beiden Seiten neben den Stuhl schauen. Die Spielleitung achtet darauf, dass die Kinder die Bewegungen korrekt ausführen.

Heute wollen wir ein neues Tier entdecken. Ein Tier, das noch nie jemand gesehen hat. Als Beweis werden wir ein Foto von dem Tier machen. Und wir werden berühmt – jawohl! Wir packen unsere Ausrüstung zusammen und ziehen uns passend an: Safarianzug, Hut, Fotoapparat, Fernglas! (alles pantomimisch anziehen und einpacken)

Jetzt geht es los! (mit den Füßen abwechselnd auf den Boden trampeln) *Wir gehen in den Wald, die Blätter rascheln unter unseren Füßen.* (Handflächen aneinander reiben) *Hier können wir die seltensten Tiere entdecken. Holt eure Fotoapparate heraus!* **Wir schauen hinter die Bäume, wir schauen vor die Bäume, wir schauen neben die Bäume.** *Oh, schade, kein Tier entdeckt!* (mit den Schultern zucken) *Und ab nach Hause, morgen versuchen wir es noch einmal!* (mit den Füßen abwechselnd auf den Boden trampeln)

Heute wollen wir ein neues Tier entdecken. Ein Tier, das noch nie jemand gesehen hat. Als Beweis werden wir ein Foto von dem Tier machen. Und wir werden berühmt – jawohl! Jetzt geht es los! (mit den Füßen abwechselnd auf den Boden trampeln) *Wir gehen in die Wüste, der Sand ist ganz heiß.* (auf den Boden trippeln und *„oje, oje, oje!"* rufen)

In der Wüste können wir die seltensten Tiere entdecken. Holt eure Fotoapparate heraus! **Wir schauen hinter die Kakteen, wir schauen vor die Kakteen, wir schauen neben die Kakteen.** *Oh, schade, kein Tier entdeckt!* (mit den Schultern zucken) *Und ab nach Hause, morgen versuchen wir es noch einmal!* (mit den Füßen abwechselnd auf den Boden trampeln)

Heute wollen wir ein neues Tier entdecken. Ein Tier, das noch nie jemand gesehen hat. Als Beweis werden wir ein Foto von dem Tier machen. Und wir werden berühmt – ja-

wohl! Jetzt geht es los! (mit den Füßen abwechselnd auf den Boden trampeln) *Wir gehen in die Berge, die sind aus hartem Fels.* (mit den Fingerknöcheln auf den Stuhl klopfen) *In den Bergen können wir die seltensten Tiere entdecken. Holt eure Fotoapparate heraus!* **Wir schauen hinter die Felsen, wir schauen vor die Felsen, wir schauen neben die Felsen.** *Oh, schade, kein Tier entdeckt!* (mit den Schultern zucken) *Und ab nach Hause, morgen versuchen wir es noch einmal!* (mit den Füßen abwechselnd auf den Boden trampeln)
Heute wollen wir ein neues Tier entdecken. Ein Tier, das noch nie jemand gesehen hat. Als Beweis werden wir ein Foto von dem Tier machen. Und wir werden berühmt – jawohl! Jetzt geht es los! (mit den Füßen abwechselnd auf den Boden trampeln) *Wir gehen auf die Wiese* (Beine anheben, durch das hohe Gras stapfen und „puh, puh, puh" rufen) *Auf der Wiese können wir die seltensten Tiere entdecken. Holt eure Fotoapparate heraus.* **Wir schauen hinter ein Grasbüschel, wir schauen vor ein Grasbüschel, wir schauen neben ein Grasbüschel.** *Oh, schade, kein Tier entdeckt!* (mit den Schultern zucken) *Und ab nach Hause, morgen versuchen wir es noch einmal!* (mit den Füßen abwechselnd auf den Boden trampeln)
Heute wollen wir ein neues Tier entdecken. Ein Tier, das noch nie jemand gesehen hat. Als Beweis werden wir ein Foto von dem Tier machen. Und wir werden berühmt – jawohl! Jetzt geht es los! (mit den Füßen abwechselnd auf den Boden trampeln). *Wir gehen an den Strand, der Sand kitzelt zwischen unseren Zehen* (mit den Füßen schlackern und kichern). *Am Strand können wir die seltensten Tiere entdecken. Holt eure Fotoapparate heraus!* **Wir schauen hinter die Dünen, wir schauen vor die Dünen, wir schauen neben die Dünen.** *Und da – es hat sich etwas bewegt! Schnell! Wir müssen ein Foto machen, bevor das Tier verschwindet. Klick, klick, klick, klick, klick! Und ab nach Hause und das Foto ausdrucken. Wir möchten doch sehen, wie unser neu entdecktes Tier aussieht. Wir laufen los: durch die Dünen, über die Wiese, über die Berge, durch die Wüste, durch den Wald bis zu unserem Haus.* (alle Gesten und Geräusche wiederholen) *Jetzt schnell den Fotoapparat an den Computer anschließen und das Foto ausdrucken. Der Drucker summt – sssssssss – und da ist das Foto! Oh, schade, kein seltenes Tier entdeckt! Auf dem Foto ist die* Jule (Kind aus der Gruppe) *und lacht. Aber beim nächsten Mal werden wir ein Tier finden – jawohl!*

Hinweis: Alternativ zeigt die Spielleitung am Ende der Geschichte ein Foto von einem echten Tier oder von einem lustigen Gegenstand!

Ich mische gerne Farben

Das Lied kann in ein Rahmenthema mit dem Schwerpunkt Farben integriert werden oder es wird zwischendurch zur Auflockerung eingesetzt.

Alter: ab 4 Jahren
Material: farbige DIN-A3-Tonkartons in Orange, Grün, Lila und Braun; evtl. auch in Rot, Blau und Gelb
Beobachtungsschwerpunkte: Farben benennen, Erinnerungsvermögen, Konzentration

Die Spielleitung legt die Tonkartons in großen Abständen voneinander im Raum auf dem Boden aus und benennt mit den Kindern kurz die Farben.
Zu den ersten drei Liedzeilen jeder Strophe laufen die Kinder frei durch den Raum. Entsprechend der in der vierten Zeile besungenen Farbe laufen sie zu dem passenden Tonkarton, stellen sich darum herum auf und singen die Strophe zu Ende.
Der Liedtext wird zum Refrain des Lieds „Mein kleiner grüner Kaktus" von den „Comedian Harmonists" gesungen. Die siebte bis neunte Zeile wird – abweichend vom Original – wie die erste bis sechste Zeile gesungen.

*1. Ich mische gerne Farben,
und davon ziemlich viel,
holahi, holahi, holaho.
Ja, Gelb und Rot wird Orange,
das könnt ihr selber seh'n,
holahi, holahi, holaho.
Damit mal ich voll die Wände,
und auch mal mein Gesicht,
holahi, holahi, holaho.
Und wenn die Mama spricht:
„Mein Kind, das geht doch nicht!",
dann zeig ich ihr,
wie wundervoll das Mischen ist.*

*2. Ich mische gerne Farben,
und davon ziemlich viel,
holahi, holahi, holaho.
Ja, Blau und Gelb wird Grün,
das könnt ihr selber seh'n,
holahi, holahi, holaho.
Damit mal ich voll die Wände,
und auch mal mein Gesicht …*

*3. ... Ja, Blau und Rot wird Lila,
das könnt ihr selber seh'n ...*

*4. ... Ich mische alle Farben,
ihr seht, jetzt wird es Braun ...*

Variante ab 3 Jahren

Die Spielleitung legt nur die Grundfarben aus und die Kinder laufen direkt in der ersten Liedzeile zu der besungenen Farbe.

*1. Ich liebe alle Farben,
vor allem lieb' ich Grün,
holahi, holahi, holaho.
Nun nehm' ich einen Pinsel,
und dann geht's auch schon los,
holahi, holahi, holaho.
Ich male eine Wiese
und einen grünen Frosch,
holahi, holahi, holaho.
Und wenn die Mama spricht:
„Nur Grün, das geht doch nicht!",
dann zeig' ich ihr,
wie toll doch diese Farbe ist.*

*2. Ich liebe alle Farben,
vor allem lieb' ich Rot ...
Ich male einen Apfel
und einen roten Ball ...*

*3. Ich liebe alle Farben,
vor allem lieb' ich Blau ...
Ich male ein Stück Himmel
und einen blauen Punkt ...*

*4. Ich liebe alle Farben,
vor allem lieb' ich Gelb ...
Ich male eine Sonne
und einen gelben Stern ...*

*5. Ich liebe alle Farben,
vor allem lieb' ich Braun ...
Ich male einen Baumstamm
und einen braunen Hut ...*

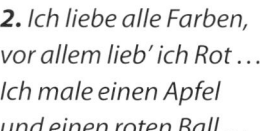

Langweiliger Hexenurlaub?

Diese fantastische Geschichte stellt anschaulich die Farben, das Zählen und das Erinnerungsvermögen in den Mittelpunkt.

Alter: ab 4 Jahren
Material: Malsachen, 1 großes blaues Tuch, 1 gelbes Tuch, Fotokamera
Beobachtungsschwerpunkte: Farben benennen, Zählen, Freies Zählen, Erinnerungsvermögen, Konzentration

Vorbereitung

Die Spielleitung kopiert die Abbildungen auf S. 56 sechsmal und schneidet sechs Unterwasserpflanzen, fünf Fische, vier Muscheln, drei Seesterne, zwei Seepferdchen und eine Wasserschildkröte aus; die übrigen Tiere werden nicht verwendet.
Die Kinder malen die Abbildungen – einige Zeit bevor die Geschichte umgesetzt wird – in den passenden Farben an (Unterwasserpflanzen in Rot, Fische in Blau, Muscheln in Gelb, Seesterne in Orange, Seepferdchen in Braun, Schildkröte in Grün). Eventuell werden die Motive zusätzlich laminiert.
Die Spielleitung legt das große blaue Tuch auf den Boden und drapiert darauf das gelbe Tuch als Insel. Die Motive legt sie verdeckt bereit.

Spielablauf

Die Kinder setzen sich um das Bodenbild herum. Die Spielleitung sitzt einfach nur abwartend mit den Kindern da, stützt den Kopf auf die Hände oder gähnt und wartet die Reaktion der Kinder ab. Schließlich sagt sie: *„Es ist ganz schön langweilig, nur herumzusitzen und gar nichts zu tun. Genauso erging es der Hexe Sina auf dieser Insel mitten im Meer. Diese Geschichte möchte ich euch jetzt gerne erzählen."*
Während sie die Geschichte vorliest, legt sie passend zu den Textstellen die Motive auf das blaue Tuch.

    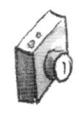  

Auf einer kleinen Insel mitten im weiten blauen Meer macht Familie Hexenberg Urlaub. Die Familie besteht aus Mama und Papa Hexenberg und ihrer Tochter Sina. Alle Mitglieder der Familie sind, wie der Name schon sagt, richtige Hexen. Im Urlaub sollen die vielen Diener in dem Schloss, in dem sie wohnen, Sina jeden Wunsch von den Augen ablesen. Außerdem gibt es jeden Tag ihr Lieblingsessen: Schnurnudeln mit roter Hexensoße!

Sina aber ist es schrecklich langweilig. Sie hat alle Zauberbücher durchgeblättert und schon fünf Zaubertränke gebraut, die alle furchtbar stinken und keinerlei Wirkung zeigen. Alles ist so langweilig! „Mir fehlen meine Freunde aus der Schule. Ich habe so viele schöne Sachen, aber keiner meiner Freunde ist hier, mit denen ich spielen könnte", seufzt Sina. Sie beschließt, allein über die Insel zu laufen. Als sie zum Strand kommt, setzt sie sich in den Sand und blickt sehnsuchtsvoll auf das Wasser. Plötzlich hört sie ein leises Plätschern, und vor ihren Augen taucht eine grüne Schildkröte aus dem Wasser auf. Die Schildkröte beginnt mit freundlicher Stimme zu sprechen: „Du siehst gelangweilt aus. Möchtest du mitkommen und dich im Meer ein wenig umsehen? Es ist sehr schön dort und kein bisschen langweilig. Setz dich einfach auf meinen Rücken und halt dich an meinem Panzer fest." Sina ist begeistert. Sie hebt ihren Zauberstab und spricht:

„Grünes Wasser, Gartenspaten,
ich will hier nicht länger warten!
Glibberschleim und Hexenkarten,
ich muss jetzt unter Wasser atmen.
Sternenstaub mit Engelslocke,
ich möchte eine Sauerstoffglocke!"

Sofort erscheint vor ihr auf dem Boden eine Sauerstoffglocke, mit der sie unter Wasser atmen kann. Sie stülpt sie sich über den Kopf, klettert auf den Rücken der Schildkröte und taucht mit ihr ins Meer. Die Schildkröte schwimmt langsam und gemütlich, sodass sich Sina in aller Ruhe an die neue Umgebung gewöhnen kann. Sie beginnt, den Ausflug zu genießen. Groß und größer werden ihre Augen, als sie die **sechs roten, großen Unterwasserpflanzen** sieht, die sich in der Strömung bewegen. Sina erschrickt ein wenig, als plötzlich **fünf blaue Fische** an ihnen vorbei flitzen. Aber schon ist sie abgelenkt, weil sie unten auf dem Meeresgrund **vier wunderschöne, gelb glänzende Muscheln** und **drei leuchtend orangefarbene Seesterne** liegen sieht. Da tauchen aus den Tiefen des Meeres **zwei braune Seepferdchen** auf und gleiten an ihnen vorüber.

Nachdem sie lange Zeit durch das Meer geschwommen sind, machen sie sich auf den Heimweg. Dabei kommen sie noch einmal an den **sechs roten Unterwasserpflanzen,** den **fünf blauen Fischen,** den **vier gelb glänzenden Muscheln,** den **drei leuchtend orangefarbenen Seesternen** und den **zwei braunen Seepferdchen** vorbei, die nach und nach aus Sinas Blickfeld verschwinden (Motive wieder einsammeln), bis die Schildkröte wieder aus dem Wasser auftaucht. Sie lässt Sina am Strand vorsichtig von ihrem Rückenpanzer gleiten und verabschiedet sich. Sina schaut noch lange auf das Meer, bis die **Schildkröte** verschwunden ist, doch dann läuft sie schnell zu ihren Eltern. „Ich muss ihnen unbedingt erzählen, was ich unten im Meer alles gesehen habe", denkt Sina. Als sie bei ihren Eltern ankommt, holt sie tief Luft, um ihre Erlebnisse zu erzählen – aber sie hat ganz vergessen, wie viele Tiere sie gesehen hat, wie sie geheißen haben und welche Farbe sie hatten. Könnt ihr Sina helfen?

Die Kinder zählen die Tiere, deren Anzahl und Farbe auf, wie sie in der Geschichte vorkommen. Entsprechend werden die Vorlagen der Tiere in das Bodenbild zurückgelegt.

Hinweis: Ein Foto des fertigen Bodenbilds eignet sich sehr gut als Ergänzung für die Bildungsdokumentation.

Die Jahreszeiten

Alter: ab 4 Jahren
Material: je 2 Chiffontücher in den Farben Grün, Gelb, Rot und Weiß
Beobachtungsschwerpunkte: Farben benennen, Freies Zählen, Erinnerungsvermögen, Konzentration

Das Spiel wird im Stuhlkreis angeleitet. Vier Kinder stellen jeweils Frühling, Sommer, Herbst und Winter dar. Das Frühlings-Kind erhält in jede Hand ein grünes Tuch, das Sommer-Kind bekommt die gelben Tücher, das Herbst-Kind die roten und das Winter-Kind die weißen Tücher. Kann jedes Kind die Farbe seiner Tücher benennen?

Das Frühlings-Kind stellt sich in die Kreismitte und zählt entsprechend dem Beginn der ersten Strophe laut allein: „Eins, zwei, drei". Die Spielleitung und die anderen Kinder sprechen den ganzen restlichen Text. Dazu hockt sich das Frühlings-Kind mit den Tüchern auf den Boden und richtet sich langsam mit erhobenen Armen auf, um das Wachsen der Pflanzen im Frühling nachzuahmen. Am Ende der dritten Zeile steht es auf den Fußspitzen und hält die Hände mit den Tüchern hoch über den Kopf gestreckt. In der vierten Zeile zählt es noch einmal allein bis drei und alle sprechen die Strophe gemeinsam zu Ende.

Die folgenden drei Jahreszeiten-Kinder zählen jeweils in der ersten und vierten Zeile ebenfalls immer allein, machen aber andere Bewegungen: Das Sommer-Kind wischt sich mit den gelben Tüchern pantomimisch den Schweiß von der Stirn, das Herbst-Kind läuft wie ein Wirbelwind im Kreis herum und schwingt dazu seine roten Tücher auf und ab, als würden sie wie leuchtende Blätter von den Bäumen fallen, und das Winter-

Kind zerknüllt seine Tücher in der Hand zu einem „Schneeball" und wirft sie in die Luft.
Am Ende werden neue Jahreszeiten-Kinder für die nächste Runde ausgesucht.

Eins, zwei, drei, der Frühling kommt herbei,
der Frühling macht die Bäume grün
und lässt die schönen Blumen blüh'n.
Eins, zwei, drei, der Frühling kommt herbei.

Vier, fünf, sechs, im Sommer kommt die Hex',
rührt kühle Limonade an,
die man jetzt genießen kann.
Vier, fünf, sechs, im Sommer kommt die Hex'.

Sieben, acht, neun, der Herbst wird uns erfreu'n:
Der Wind, der bläst gar mächtig stark,
die Blätter leuchten bunt im Park.
Sieben, acht, neun, der Herbst wird uns erfreu'n.

Zehn, elf, zwölf, den Winter mag der Rolf:
Schneeballschlachten mit Papa,
weiße Weihnacht – wunderbar.
Zehn, elf, zwölf, den Winter mag der Rolf.

Hinweise:

● Die Spielleitung sucht die Jahreszeiten-Kinder altersentsprechend nach ihren Zählfähigkeiten aus: Die jüngeren Kinder übernehmen Frühling und Sommer, Vorschulkinder eher Herbst und Winter.

● Sollte es den Kindern am Anfang noch schwerfallen, bei Strophenbeginn mittendrin mit dem Zählen anzufangen, können sie die Zahlen davor in deutlichem Flüsterton ergänzen, z. B.: „(geflüstert) *Eins, zwei, drei,* (laut) *vier, fünf, sechs, im Sommer kommt die Hex' …"*

Zahlenkönig

Dieses Spiellied ist eine Variante zum „Wörterkönig" (→ *S. 38)!*

Alter: ab 4 Jahren
Beobachtungsschwerpunkte: Zählen, Freies Zählen, Erinnerungsvermögen, Konzentration

Die Kinder kommen im Stuhlkreis zusammen und ein Kind geht vor die Tür. Die anderen Kinder überlegen mit der Spielleitung, welche Gegenstände das Kind vor der Tür zählen könnte, z. B. die Blumen auf der Fensterbank, die Bilder an der Wand oder die Spielzeugkisten. Gegebenenfalls werden verschiedene Gegenstände aus dem Raum zum Zählen im Stuhlkreis platziert, z. B. Bauklötze, Bälle etc.

Das Kind von draußen kommt wieder herein und läuft als „Zahlenkönig" durch den Kreis. Alle singen dazu den folgenden Liedtext nach der Melodie des „Wörterkönigs" (→ S. 38). Nach der Wiederholung der ersten beiden Zeilen steht ein Kind aus dem Kreis auf und flüstert dem Zahlenkönig ins Ohr, was er zählen soll. Der König zählt laut vor und alle singen die letzte Zeile, zu der er einen neuen Zahlenkönig aussucht und mit ihm den Platz tauscht.

> *Ich bin ein Zahlenkönig,*
> *ja, was ich kann, ist nicht wenig.*
> *Ich bin ein Zahlenkönig,*
> *ja, was ich kann, ist nicht wenig.*
> *(„Eins, zwei, drei, vier … Spielzeugkisten")*
> *Eins, zwei, drei, komm du herbei!*

Hinweise:

- Hat ein Zahlenkönig Schwierigkeiten beim Zählen, holt er sich ein Kind aus dem Kreis zur Unterstützung dazu.
- Trauen sich jüngere oder schüchterne Kinder noch nicht allein in die Mitte, werden zwei Zahlenkönige ernannt, die gemeinsam zählen. Am Ende sucht jedes Kind einen neuen Zahlenkönig aus, sodass wieder ein Paar entsteht. Der Text lautet dann: *„Wir sind zwei Zahlenkönige, ja, was wir können, können wenige …"*

Fußspuren im Schnee

Eine Zuordnungsgeschichte, die Konzentration und Erinnerungsvermögen voraussetzt.

Alter: ab 4 Jahren
Anzahl: max. 8 Kinder
Material: evtl. Laminiergerät, Malsachen
Beobachtungsschwerpunkte: Erinnerungsvermögen, Konzentration

Vorbereitung

Die Abbildung auf S. 61 wird einmal vergrößert kopiert. Die Spielleitung schneidet alle Tiere und alle Fußspuren einzeln aus und legt sie getrennt voneinander verdeckt bereit. Die Fußspuren sortiert sie in der Reihenfolge, in der sie in der Geschichte vorkommen.

Spielablauf

Die Kinder sitzen im Halbkreis vor der Spielleitung. Zum Einstieg zeigt sie ihnen die Fußspur von der Maus Mara aus der folgenden Geschichte. Die Kinder raten, zu welchem Tier die Fußspur gehört, und bekommen ggf. Unterstützung: Das Tier ist grau, klein, schnell, frisst Körner etc.
Die Spielleitung liest den Kindern die folgende Geschichte vor. An den entsprechenden Stellen im Text zeigt sie ihnen die passenden Fußspuren.

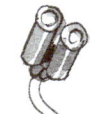

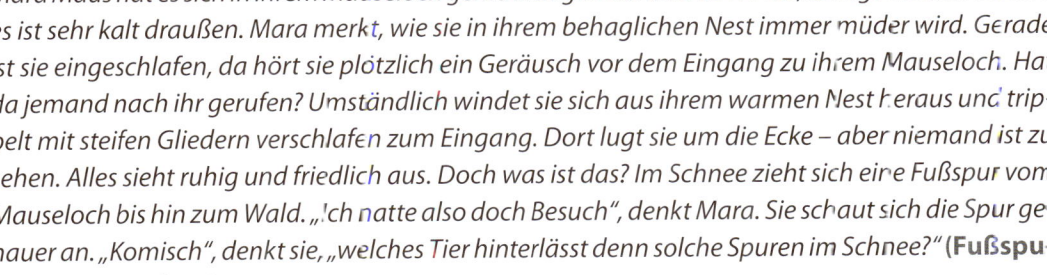

Mara Maus hat es sich in ihrem Mauseloch gemütlich gemacht. Es ist Winter, es liegt viel Schnee und es ist sehr kalt draußen. Mara merkt, wie sie in ihrem behaglichen Nest immer müder wird. Gerade ist sie eingeschlafen, da hört sie plötzlich ein Geräusch vor dem Eingang zu ihrem Mauseloch. Hat da jemand nach ihr gerufen? Umständlich windet sie sich aus ihrem warmen Nest heraus und trippelt mit steifen Gliedern verschlafen zum Eingang. Dort lugt sie um die Ecke – aber niemand ist zu sehen. Alles sieht ruhig und friedlich aus. Doch was ist das? Im Schnee zieht sich eine Fußspur vom Mauseloch bis hin zum Wald. „Ich hatte also doch Besuch", denkt Mara. Sie schaut sich die Spur genauer an. „Komisch", denkt sie, „welches Tier hinterlässt denn solche Spuren im Schnee?" (**Fußspuren Eichhörnchen**)
Mara ist neugierig und beschließt der Spur zu folgen. Auf der Wiese sitzt ein Hase im Schnee. Er lässt sich die Sonne auf das Fell scheinen. „Hallo", sagt Mara, „hast du mich gerade besucht und diese Fußspur im Schnee hinterlassen?" Sie zeigt auf die rätselhafte Spur im Schnee. „Ich?" fragt der Hase. „Nein, warum sollte ich dich besuchen? Schau hier in den Schnee, das sind meine Fußspuren (**Fußspuren Hase**)*." Der Hase hat recht: Seine Spuren sehen ganz anders aus.*

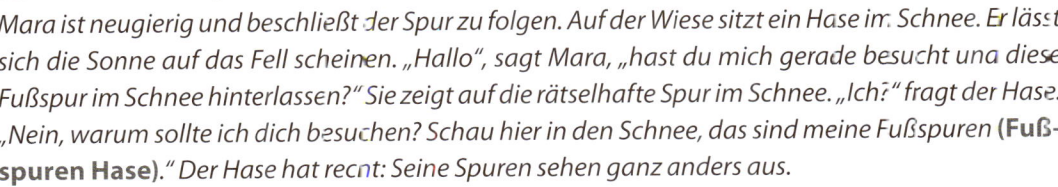
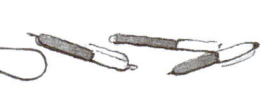

*Mara läuft weiter entlang der Spur und sieht am Waldrand ein paar Rehe stehen. Sie fragt sie: „Wolltet ihr mich gerade besuchen und habt diese Spuren im Schnee hinterlassen? Ein Reh dreht sich neugierig um und sagt: „Ich glaube nicht, dass wir alle in dein kleines Mauseloch passen, also warum sollten wir dich besuchen kommen? Außerdem sehen unsere Spuren ganz anders aus." Das Reh stampft mit seinem Huf in den Schnee und hinterlässt einen Abdruck (**Fußspuren Reh**). „Ach nein", sagt Mara, „das ist tatsächlich nicht der Abdruck, den ich meine." – „Geh tiefer in den Wald hinein", rät ihr das Reh, „dort habe ich gerade den Dachs getroffen. Vielleicht kann er dir helfen?"*

*Mara befolgt den Rat und trippelt der Spur nach tiefer in den Wald. Unter einem großen Baum trifft sie den Dachs und fragt ihn: „Hallo Dachs, bestimmt hast du mich gerade besuchen wollen, denn diese Spur habe ich vor meinem Mauseloch gefunden." Mara zeigt auf die Spur, die weiter in den Wald führt. „Oh, hallo Mara", sagt der Dachs, „da muss ich dich leider enttäuschen: Meine Spuren sehen ganz anders aus. Schau mal hier!" Und der Dachs deutet auf einen tiefen Abdruck seiner Pfoten im Schnee (**Fußspuren Dachs**). „Ja, stimmt", seufzt Mara. „Ich bin schon die ganze Zeit auf der Suche nach meinem Besucher, aber ich kann ihn einfach nicht finden." – „Sei froh, wenn es nicht der Fuchs war", warnt sie der Dachs. Der hat im Winter immer besonders großen Hunger!" – „Der Fuchs?" Mara erschrickt. „Oh je, wie sehen seine Spuren denn aus?" Der Dachs malt sie vor ihr in den Schnee (**Fußspuren Fuchs**). „Puh, da habe ich aber Glück gehabt! Diese Spuren sehen nicht so aus wie die vor meinem Mäuseloch!" Mara ist erleichtert. Aber sie weiß immer noch nicht, wer sie eigentlich besuchen wollte!*

*Die kleine Maus macht sich wieder auf den Weg und folgt den Spuren im Schnee. Plötzlich endet die Spur abrupt vor den Wurzeln eines großen Baumes. Mara dreht sich um und sieht eine Krähe hinter sich. „Welche Fußspuren hinterlässt du denn im Schnee?" fragt sie. „Na, diese hier", krächzt die Krähe und hüpft lustig ein paar Runden um den Baum herum (**Fußspuren Krähe**). „Nein, dich suche ich auch nicht", sagt die Maus enttäuscht. „Deine Spuren sehen anders aus als diese, die hier vor dem Baumstamm enden." – „Dann frag doch mal den Bewohner des Kogels oben im Baum, der müsste deinen Besucher doch gesehen haben." Und – schwups – schwingt sich die Krähe in die Luft und ist auf und davon. „Was ist denn ein Kogel?" fragt sich Mara verblüfft und schaut nach oben. „Etwa dieses runde Nest zwischen den Zweigen?" Im selben Moment springt ein kleines Tier daraus hervor, klettert den Baumstamm herunter und bleibt vor Mara stehen. „Hallo, Mara, da bist du ja, ich war gerade schon bei dir zu Hause, aber du warst nicht da." – „Ach, Ralle, du warst also mein Besuch? Ich war nur eingeschlafen und hab dich nicht gleich gehört. Den ganzen Morgen bin ich schon auf der Suche nach demjenigen, der solche Spuren im Schnee hinterlässt." Mara zeigt auf die Abdrücke (**Fußspuren Eichhörnchen**). „Ja, die Spur sieht lustig aus." Ralle lacht. „Ich habe dich besucht, weil ich dich in meinen Kogel einladen wollte. Er ist sehr gemütlich und ich hab auch ein paar Nüsse, die wir fressen können. Komm doch gleich mit rauf." Das lässt sich Mara nicht zweimal sagen und zusammen verkriechen sie sich in Ralles warmes Zuhause.*

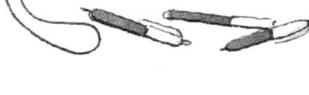

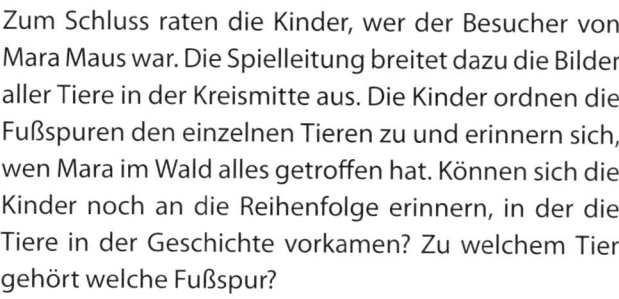

Zum Schluss raten die Kinder, wer der Besucher von Mara Maus war. Die Spielleitung breitet dazu die Bilder aller Tiere in der Kreismitte aus. Die Kinder ordnen die Fußspuren den einzelnen Tieren zu und erinnern sich, wen Mara im Wald alles getroffen hat. Können sich die Kinder noch an die Reihenfolge erinnern, in der die Tiere in der Geschichte vorkamen? Zu welchem Tier gehört welche Fußspur?

Hinweis: Werden die kopierten Bilder laminiert, lassen sie sich – auch unabhängig von der Geschichte – längerfristig für ein Zuordnungsspiel wiederverwenden. Dafür können die Tiere von den Kindern oder von der Spielleitung zusätzlich in ihren natürlichen Farben ausgemalt werden.

Weg versteckt

Alter: ab 4 Jahren
Material: große Decke
Beobachtungsschwerpunkte: Freies Zählen, Raum-Lage-Beziehungen, Erinnerungsvermögen, Konzentration

Die Spielleitung verhängt einen Tisch mit einer Decke, die bis zum Boden reicht. Die Kinder stellen sich um den Tisch herum im Kreis auf und sprechen gemeinsam mit der Spielleitung den Text, der mit Gesten unterlegt wird. Das im Text von der Spielleitung aufgerufene Kind führt die beschriebenen Bewegungen direkt aus, indem es sich kurz auf den Tisch hockt, sich neben den Tisch stellt, vor den Tisch, hinter den Tisch und sich anschließend unter ihm versteckt.
In den folgenden Strophen kommt jeweils ein weiteres Kind dazu, das sich wie das erste Kind jeweils zum Schluss unter dem Tisch versteckt. Nach einer beliebigen Anzahl an Strophen folgt die letzte Zeile und die Decke wird mit einem Ruck vom Tisch gezogen. Nacheinander kommen die Kinder einzeln unter dem Tisch hervor und werden von allen gemeinsam laut gezählt. Danach startet eine neue Spielrunde.

> *Eins, zwei, drei, vier, fünf, sechs, sieben,*
> *wo ist bloß (Name des Kindes) geblieben?*
> *Auf dem Tisch, neben dem Tisch,*
> *vor dem Tisch, hinter dem Tisch,*
> *unter dem Tisch – weg versteckt!*
> *Kommt raus, kommt raus,*
> *das Spiel ist aus!*

Hexenkochkunst

Alter: ab 4 Jahren
Material: Lebensmittelfarben in Rot, Blau und Gelb, 6 Gläser, 3 große durchsichtige Schüsseln; evtl. kleine Schälchen, Reagenzgläser, Pipetten, Spritzen, Messbecher, Wasser- und Fingerfarben, Papier, Pinsel, 1 Kochlöffel pro Kind
Beobachtungsschwerpunkte: Farben benennen, Erinnerungsvermögen, Konzentration, Experimentieren, Engagement bei Experimenten

Die Spielleitung stellt je zwei Gläser mit einer im Wasser aufgelösten Lebensmittelfarbe bereit. Die sechs Gläser werden im Stuhlkreis an die Kinder verteilt und die drei Schüsseln in die Kreismitte gestellt.
Entsprechend den Strophen des folgenden Spielverses stehen die Kinder mit den passenden Farben im Glas auf und schütten sie in eine leere Schüssel, sodass sie sehen, wie sich die Farben mischen. Sie rufen laut die Farbe in den Raum, die sich beim Mischen gebildet hat, bevor die restliche Strophe zu Ende gesprochen wird. In der vierten Strophe bestimmt die Spielleitung zwei Kinder, die den Inhalt der Schüsseln zusammenschütten.

Ich bin die Hexe Liladum
und rühre hier die Suppe um.   pantomimisch Suppe umrühren
Rote Rüben, blaue Butter,   Rot und Blau in eine Schüssel gießen und „*Lila*" rufen
das gibt lila Hundefutter.
Schaut nur her, es gibt noch mehr!   heranwinken

Ich bin die Hexe Liladum
und rühre hier die Suppe um.   pantomimisch Suppe umrühren
Rote Grütze, gelber Spinat,   Rot und Gelb in eine Schüssel gießen und „*Orange*" rufen
das gibt orangenen Nudelsalat.
Schaut nur her, es gibt noch mehr!   heranwinken

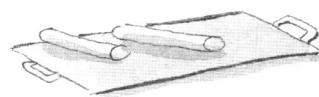

Ich bin die Hexe Liladum
und rühre hier die Suppe um.   pantomimisch Suppe umrühren
Gelber Schleim und blaues Gelee,   Gelb und Blau in eine Schüssel gießen und „*Grün*" rufen
das gibt grünes Kartoffelpüree.
Schaut nur her, es gibt noch mehr!   heranwinken

Ich bin die Hexe Liladum
und rühre hier die Suppe um.   pantomimisch Suppe umrühren
Alle Farben in einen Tank,   alle Farben in eine Schüssel gießen und „*Braun*" rufen
das gibt braunen Zaubertrank.
Schaut nur her, es gibt noch mehr!   heranwinken

Ich bin die Hexe Liladum
und rühre hier die Suppe um.   pantomimisch Suppe umrühren
Es riecht sehr gut, es schmeckt noch besser.   schnuppern und sich den Bauch reiben
Und die Reste? Sind für die Gäste!
Schaut nur her, es gibt nichts mehr!   leere Handflächen vorzeigen

Hinweis: Die Spielleitung achtet beim Anrühren der drei Grundfarben darauf, nicht zu viel Farbe zu verwenden, da es beim Mischen der Farben sonst schnell zu bräunlichen Verfärbungen kommt. Am besten testet sie das Mischverhältnis vorher einmal.

Varianten

● Im Anschluss an die Fingerspielaktion machen die Kinder Experimente zum Thema Farben. Sie mischen mit Lebensmittelfarbe gefärbtes Wasser in Schälchen und Reagenzgläsern. Pipetten, Spritzen und Messbecher sind ebenfalls geeignete Utensilien zum Mischen. Auch andere Farben wie Wasser- und Fingerfarben werden mit ausreichend Papier und Pinseln zum Mischen bereitgestellt. So entstehen vielfältige Beobachtungsmöglichkeiten, sowohl zum Thema Farben als auch zum Thema Experimente.

● Wenn die Kinder textsicher sind, kann die Aktion auch ohne Farbenmischen als Fingerspiel eingesetzt werden. Dazu bekommt jedes Kind einen Kochlöffel in die Hand, um das Umrühren nachzuspielen.

Richtungswechsel

Alter: ab 4 Jahren
Beobachtungsschwerpunkte: Gegensätze, Raum-Lage-Beziehungen, Erinnerungsvermögen, Konzentration

Die Kinder spielen das Bewegungsspiel gemeinsam mit der Spielleitung stehend im Kreis. Entsprechend dem Text bewegen sie dazu ihren Oberkörper nach vorn, nach hinten, nach links und rechts – erst langsam und in der zweiten Strophe sehr schnell. Am Ende lassen sie sich zur Seite kippen und fallen auf den Boden.

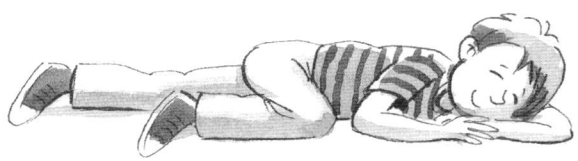

Nach vorne, nach hinten,
nach links und nach rechts! (3×)

Da wird mir richtig schwindelig,
doch das stört mich wirklich nicht.
Das Ganze geht auch schneller,
jetzt geht's los:

Nach vorne, nach hinten … (3×)

Das war jetzt wirklich dumm,
denn jetzt kipp' ich um – bumm.

Variante

Ich bin klein, ich bin groß,
ich kann liegen und kann steh'n. (3×)

Hier geht es um das Thema Gegensätze: Die Kinder kauern sich erst ganz klein zusammen, dann strecken sie sich weit nach oben und stellen sich auf die Zehenspitzen. In der zweiten Zeile legen sie sich auf den Boden, springen auf und stellen sich hin. Die restlichen Strophen werden wie oben wiederholt.

Mehr oder weniger

Die Kinder gehen hier auf spielerische Weise mit Mengen und Zahlen um.

Alter: ab 5 Jahren
Anzahl: max. 8 Kinder
Material: Seil, 10 Büroklammern, 10 Wachsmalstifte, 10 Perlen, 10 Bausteine, 10 Wäscheklammern, 10 Schälchen, großes Tuch; evtl. DIN-A4-Papier, dicker Filzstift
Beobachtungsschwerpunkte: Zählen, Freies Zählen, Mengen, Zahlen lesen, Erinnerungsvermögen, Konzentration

Vorbereitung

Die Spielleitung teilt den Raum mit dem Seil in zwei Hälften.
Die Zählmaterialien werden in doppelter Ausführung auf die Schüsseln verteilt: zwei Schüsseln mit Büroklammern, zwei Schüsseln mit Wachsmalstiften usw. Jeweils eine der beiden Schüsseln muss dabei mehr Gegenstände als die andere enthalten, z. B. ein Schälchen mit vier Wachsmalstiften und ein Schälchen mit sechs Wachsmalstiften etc.
Die Schüsseln werden auf dem großen Tuch platziert und neben dem Seil bereitgestellt.

Spielablauf

Die Kinder setzen sich in einem Halbkreis um die Spielleitung herum. Sie erklärt ihnen, dass jede Raumhälfte ein Land darstellt. Das eine Land heißt „Mehr" und das andere Land heißt „Weniger". Die Könige der unterschiedlichen Länder haben Sachen bestellt, die in jedes Land geliefert werden sollen. Das Land „Mehr" bekommt immer mehr als das Land „Weniger". Die Kinder haben den Auftrag, die bestellten Materialien an die Länder zu liefern.
Die Kinder betrachten die verschiedenen Schälchen, sortieren die gleichen Materialien zueinander, vergleichen die Mengen und zählen die Gegenstände. Danach entscheiden sie, in welches Land die Schälchen gehören und bringen sie dorthin. Zum Schluss stehen in jedem Land fünf Schüsseln mit verschiedenen Materialien.

Varianten

● Die Spielleitung beschriftet zehn DIN-A4-Blätter mit den Zahlen von Eins bis Zehn. Sie erklärt den Kindern, dass die Länder „Mehr" und „Weniger" jedes Jahr gemeinsam ein großes Zahlenfest feiern. Dazu werden Plakate mit den Zahlen von Eins bis Zehn in den Ländern verteilt. Dann spielen alle gemeinsam ihr Lieblingsspiel: Die Könige rufen abwechselnd eine Zahl und die Bewohner der Länder müssen sich auf diese Zahl stellen.

Die Spielleitung zeigt den Kindern nacheinander die Zahlen-Blätter und lässt sie die Zahlen aufsagen. Sie legen die Blätter von Eins bis Fünf in das Land „Weniger" und die Blätter von Sechs bis Zehn in das Land „Mehr". Zwei Kinder übernehmen die Rollen der Könige und rufen abwechselnd je eine Zahl aus ihrem Land auf, zu der die übrigen Kinder hinlaufen. Nach einer Weile tauschen die Könige mit zwei anderen Kindern die Rollen.

- Die Kinder sortieren die Schälchen aus dem Hauptspiel je nach Anzahl zu den passenden Zahlen.
- Die Kinder suchen weitere Gegenstände aus dem Raum in verschiedenen Anzahlen und legen sie zu den passenden Zahlenblättern, z. B. drei Spielzeuge auf die Drei, fünf Löffel auf die Fünf usw.

Die Luftballonrakete

Dieses physikalische Experiment bringt den Kindern auf spielerische Weise das Rückstoßprinzip nahe.

Alter: ab 4 Jahren
Anzahl: max. 6 Kinder
Material: 2 Nylonschnüre (je ca. 7 m), 1 Luftballon, 1 Wäscheklammer und 1 breiter Strohhalm pro Kind, Klebestreifen
Beobachtungsschwerpunkte: Konzentration, Experimentieren, Engagement bei Experimenten

Vorbereitung
In einem Raum mit mind. 6 m Durchmesser befestigt die Spielleitung ein Ende der Nylonschnur auf Augenhöhe der Kinder an einer Wand oder einem Regal etc. Die zweite Schnur wird in einem Abstand von ca. 1 m daneben befestigt. Beide Schnüre sollen waagerecht nebeneinander quer durch den Raum gespannt werden können.
Die Spielleitung bläst für jedes Kind einen Luftballon auf und verschließt ihn mit einer Wäscheklammer.

Experiment
Die Spielleitung zeigt den Kindern im Kreis einen aufgeblasenen Ballon mit dem Wäscheklammerverschluss. Sie fragt, was passieren wird, wenn sie die Klammer vom Ballon löst, und die Kinder äußern ihre Vermutungen. Danach löst die Spielleitung die Klammer vom Ballon und lässt ihn durch den Raum fliegen. Sie erklärt, dass die Luft schnell aus der Öffnung des Ballons entweicht und der Ballon dadurch nach vorn getrieben wird: Das nennt man „Rückstoßprinzip".

Für den zweiten Teil des Experiments wird das Rückstoßprinzip genutzt, um den Ballon in geordnete Bahnen zu lenken und ihn wie eine Rakete in eine bestimmte Richtung fliegen zu lassen. Die Spielleitung fädelt dazu das Ende einer Nylonschnur durch einen Strohhalm und klebt den Strohhalm mit den Klebestreifen an einen aufgeblasenen Ballon. Dabei zeigt die Öffnung des Ballons zur Spielleitung. Ein Kind hält das Ende der Schnur straff gespannt und die Spielleitung löst die Klammer: Der Ballon saust an der Schnur entlang durch den Raum!

Die Kinder starten ein Luftballonraketen-Wettrennen und treten jeweils zu zweit gegeneinander an. Jedes fädelt ggf. mithilfe der Spielleitung einen Strohhalm auf das Ende einer der beiden Schnüre und klebt dann den Strohhalm mit dem Klebeband an seinen Ballon. Zwei andere Kinder halten die Schnüre straff gespannt. Auf ein Kommando lösen die Raketenkinder gleichzeitig ihre Klammern von den Ballons und starten ein Rennen. Welcher Ballon kommt als erster ins Ziel? Danach wird das nächste Raketenrennen gestartet.

Das Mauseloch

Alter: ab 5 Jahren
Anzahl: max. 6 Kinder
Beobachtungsschwerpunkte: Freies Zählen, Erinnerungsvermögen, Konzentration

Das Fingerspiel wird mit einer Kleingruppe im Stuhlkreis gespielt. Bei der Aufzählung der Zahlen lässt die Spielleitung den Kindern genügend Zeit zum freien Zählen.

Ein Loch ist dort in uns'rer Wand.	mit Daumen und Zeigefinger ein Loch formen
Schau her, das ist ja allerhand:	durch das Loch schauen
Da wohnt die Maus Calindern	
mit ihren eins, zwei, drei, vier, fünf,	
sechs, sieben, acht, neun Kindern!	laut an den Fingern abzählen

Abends räubern sie den Speck,   mit der Hand eine schnüffelnde Maus darstellen
doch kommt die Katze, sind sie weg!
Eins, zwei, drei, vier, fünf,
sechs, sieben, acht, neun und zehn.   Daumen und Ringfinger bilden das Loch, die Finger der anderen Hand huschen einzeln als Mäuse hindurch, dabei wird laut gezählt

Dann sitzen sie in dem Versteck
und fressen große Stücke Speck:
die Mama Maus Calindern
mit ihren eins, zwei, drei, vier, fünf,
sechs, sieben, acht, neun Kindern.   an den Fingern abzählen

Psssst, seid leise, sei doch still,
da jede Maus mal schmatzen will.   für jede Maus einen Finger heben, die Zahl rufen und einmal laut schmatzen

Gegenstände entdecken

Alter: ab 4 Jahren
Material: Decke
Beobachtungsschwerpunkte: Farben benennen, Geometrische Figuren benennen, Gegenstände durch den Oberbegriff definieren, Räumliche Orientierung, Zuordnung von Gegenständen, Erinnerungsvermögen

Die Spielleitung breitet die Decke in der Mitte des Stuhlkreises aus.
Ein Kind bekommt den Auftrag einen Gegenstand mit einer bestimmten geometrischen Form zu holen, z. B. rund, rechteckig, quadratisch oder dreieckig. Das Kind macht sich im Raum auf die Suche und legt seinen gefundenen Gegenstand in die Mitte auf die Decke. Alle Kinder überlegen gemeinsam, ob der Gegenstand die gewünschte Form hat. Wenn ja, sucht das nächste Kind einen Gegenstand. Wenn nicht, geht das Kind noch einmal allein los oder sucht sich ein Kind zur Unterstützung aus.
Liegen am Ende viele Gegenstände mit verschiedenen Formen durcheinander auf der Decke, sortieren die Kinder noch einmal gemeinsam alle Gegenstände nach denselben Formen.
Zum Abschluss bringt jedes Kind einen Gegenstand, den ein anderes Kind geholt hat, an seinen angestammten Platz zurück. Können alle Kinder die Gegenstände richtig zuordnen?

Varianten

- Mit den Gegenständen auf der Decke kann sich ein Kimspiel anschließen. Die Menge der Gegenstände wird dabei je nach Alter und Entwicklungsstand der Kinder variiert.
- Alternativ zu den geometrischen Figuren holen die Kinder Gegenstände in vorgegebenen Farben.
- Um die Definition von Oberbegriffen zu trainieren, gibt die Spielleitung allgemeine Kategorien vor, z. B.: *„Hole ein Gemüse"* oder: *„Hole etwas, aus dem man trinken kann / ein Werkzeug / ein Kleidungsstück …"*
- Um den Schwierigkeitsgrad zu steigern, lassen sich Eigenschaften miteinander kombinieren, z. B.: *„Hole ein Spielzeug, das rot und rund ist! Hole ein blaues Kleidungsstück …"*

Weitere Spielanlässe zum Bereich Kognition

Zahlen und geometrische Formen

- Zahlen und geometrische Formen aus unterschiedlichen Materialien und in verschiedenen Formen und Größen anbieten: aus Holz, Moosgummi, Papier, Pappmaschee, Kunststoff …
- Zahlen und Formen aus Pappe etc. mit einem Magneten versehen, sodass sie auf einer Metalloberfläche haften und zum Legen, Gestalten, Spielen genutzt werden können.
- Zahlen auf DIN-A3-Plakate malen, auf Fenster, als Collage, aus verschiedenen Materialien legen (Blätter, Gras, Mais, Kastanien, Muggelsteine, Büroklammern …)
- Die Kinder legen sich so auf den Boden, dass sie mit mehreren Kindern eine Zahl oder eine geometrische Form bilden. Davon werden Fotos gemacht und mit in die Bildungsdokumentation geheftet.
- Die Kinder legen Seile zu Zahlen oder Formen auf dem Boden aus und balancieren barfuß darauf.
- Sie malen mit Kreide große Zahlen auf den Asphalt und gehen die Linien ab.
- In Kartondeckel passende Löcher schneiden für geometrische Figuren zum Einwerfen …

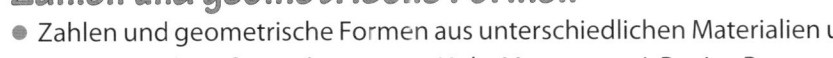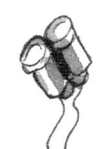

Farben

- Farben in unterschiedlichsten Formen anbieten: Finger-, Wasser-, Plaka-, Aquarellfarben, Bunt-, Wachsmal-, Filzstifte …
- Taschenlampen mit farbigen Folien oder bunte Prismasteine anbieten zum Farben mischen.
- Wasser mit Kreppapier färben und das „Zauberwasser" in Reagenzgläser füllen lassen.
- Eine Farbenwoche mit den Kindern veranstalten: An jedem Wochentag steht eine andere Farbe im Mittelpunkt. Dementsprechend wird z. B. roter Wackelpudding gekocht, rotes Gemüse gegessen, ein roter Vorhang vor die Gruppentür gehängt, rotes Spielmaterial steht im Mittelpunkt … Jedes Kind bekommt als Aufgabe für den nächsten Tag, sich ein passendes Kleidungsstück anzuziehen, z. B. einen blauen Pullover, blaue Socken etc.

Experimente

- Experimentiermaterialien anbieten wie (Becher-)Lupen, Zollstöcke, Pipetten, Reagenzgläser, Messbecher, Kompass, verschiedene Werkzeuge (Nussknacker, Schraubenzieher, Engländer etc.) …
- Kleines Planschbecken für Schüttübungen nutzen und mit Linsen, Perlen, Sand, Steinen, Maiskörnern, Reis, Samen, Kastanien oder Muggelsteinen füllen. Ergänzende Materialien: Trichter, Messlöffel, Eimer, kleine Schaufeln, Filmdöschen etc.
- alte technische Geräte auseinanderschrauben lassen
- Licht-Experimente wie Schwarzlicht, Umgang mit Taschenlampen, Feuer (unter Aufsicht), Schattenspiele, Oberlichtprojektor etc.
- Schwimm-Experimente: Welche Materialien schwimmen an der Wasseroberfläche, was geht unter?
- Wasser in verschiedene Gefäße unterschiedlicher Größen füllen, zusätzlich Pipetten, Spritzen, Löffel, Messbecher, Flaschen, Trichter, Schälchen zum Experimentieren dazugeben.
- Welches Material nimmt mehr Flüssigkeit auf (Schwamm, Windel, Wattepad etc.)?
- Eis-Experimente (schmelzen, frieren …)
- Magnetismus-Experimente: Welche Materialien sind magnetisch, welche nicht?
- Einen Magneten unter ein Stück Papier halten und metallene Gegenstände auf dem Papier hin und her bewegen. Wie dick darf das Papier sein, damit sich die Gegenstände noch bewegen lassen?
- Schwerkraft-Experimente: verschiedene Arten von Waagen anbieten, unterschiedlich schwere Materialien bereitlegen, Papierflieger gestalten, Luftballons und Wasserbomben anbieten …

Viele spannende Experimente gibt es auf folgenden Internetseiten:
- **www.haus-der-kleinen-forscher.de**
- **www.kinder-leichte-experimente.de/index.html**
- **www.physik.uni-kassel.de/did/gs**
- **www.kidsweb.de/experi/experinh.htm**
- **www.technikbox.at/index.php?id=2369**
- **www.helles-koepfchen.de/artikel/604.html**

Dokumentationstabelle Kognition

Name & Alter der Kinder: 1. 2. 3. 4.

Frage	Beobachtungs-schwerpunkt	Spielanlass	Name	Datum	Beobachtung
Kennt das Kind die Farben?	Farben benennen	Ich mische gerne Farben → S. 54 Langweiliger Hexenurlaub? → S. 55 Die Jahreszeiten → S. 57 Hexenkochkunst → S. 62 Gegenstände entdecken → S. 67			
Kann das Kind, ohne die Finger als Zählhilfe zu benutzen, eine Menge von mind. 5 Gegenständen abzählen?	Zählen	Langweiliger Hexenurlaub? → S. 55 Zahlenkönig → S. 58 Mehr oder weniger → S. 64			
Bis zu welcher Zahl zählt das Kind?	Freies Zählen	Langweiliger Hexenurlaub? → S. 55 Die Jahreszeiten → S. 57 Zahlenkönig → S. 58 Weg versteckt → S. 62 Mehr oder weniger → S. 64 Das Mauseloch → S. 66			

Frage	Beobachtungs-schwerpunkt	Spielanlass	Name	Datum	Beobachtung
Kann das Kind Mengen der Anzahl nach sortieren (ein Haufen mit 6 Bonbons ist größer als ein Haufen mit 4 Bonbons)?	Mengen	Mehr oder weniger → S. 64			
Löst das Kind einfache Plus- und Minusaufgaben im Zahlenraum bis 6 oder darüber hinaus?	Plus-/Minusaufgaben				
Kann das Kind Zahlen lesen?	Zahlen lesen	Mehr oder weniger → S. 64			
Kennt das Kind die Formen Rechteck, Kreis und Dreieck und kann diese richtig be-nennen?	Geometrische Figuren benennen	Gegenstände entdecken → S. 67			

Frage	Beobachtungs-schwerpunkt	Spielanlass	Name							Datum							Beobachtung
Kann das Kind Gegenstände durch ihren Gebrauch, die Form, das Material oder den Oberbegriff definieren (Apfel – Obst, ein Glas ist zum Trinken da etc.)?	Gegenstände durch den Oberbegriff definieren	Gegenstände entdecken ➙ S. 67															
Kann das Kind Gegensätze benennen (kalt – warm, groß – klein, dick – dünn etc.)?	Gegensätze	Richtungswechsel ➙ S. 63															
Kann das Kind Raum-Lage-Beziehungen (oben, unten, neben etc.) erkennen?	Raum-Lage-Beziehungen	Willi die Fliege ➙ S. 52 Fotosafari ➙ S. 52 Weg versteckt ➙ S. 62 Richtungswechsel ➙ S. 63															
Kann sich das Kind im Kindergarten ziel- und zweckorientiert bewegen (am Frühstückstisch finde ich etwas zu trinken, der Hüpfball gehört in den Bewegungsraum etc.)?	Räumliche Orientierung	Gegenstände entdecken ➙ S. 67															

Frage	Beobachtungs-schwerpunkt	Spielanlass	Name	Datum	Beobachtung
Räumt das Kind Dinge oder Spielzeuge an ihren ange-stammten Platz zurück und geht es sorgsam mit ihnen um?	Zuordnung von Gegenständen	Gegenstände entdecken → S. 67			
Hat das Kind ein ausgeprägtes Erinnerungsvermögen (Behalten von Fingerspielen und Liedtexten, Tagesablauf wiederholen etc.)?	Erinnerungsvermögen	Willi die Fliege → S. 52 Fotosafari → S. 52 Ich mische gerne Farben → S. 54 Langweiliger Hexenurlaub? → S. 55 Die Jahreszeiten → S. 57 Zahlenkönig → S. 58 Fußspuren im Schnee → S. 59 Weg versteckt → S. 62 Hexenkochkunst → S. 62 Richtungswechsel → S. 63 Mehr oder weniger → S. 64 Das Mauseloch → S. 66 Gegenstände entdecken → S. 67			
Ist das Kind in der Lage, sich bei Aufgabenstellungen, Stuhlkreisen und gelenkten Aktivitäten etc. gut zu kon-zentrieren?	Konzentration	Willi die Fliege → S. 52 Fotosafari → S. 52 Ich mische gerne Farben → S. 54 Langweiliger Hexenurlaub? → S. 55 Die Jahreszeiten → S. 57 Zahlenkönig → S. 58 Fußspuren im Schnee → S. 59 Weg versteckt → S. 62 Hexenkochkunst → S. 62 Richtungswechsel → S. 63 Mehr oder weniger → S. 64 Die Luftballonrakete → S. 65 Das Mauseloch → S. 66			

Frage	Beobachtungs-schwerpunkt	Spielanlass	Name	Datum	Beobachtung
Hat das Kind eigene Ideen und entwickelt es Problem-lösungen?	Problemlösungsfähigkeit				
Geht das Kind den Dingen experimentierend und forschend auf den Grund?	Experimentieren	Hexenkochkunst → S. 62 Die Luftballonrakete → S. 65			
Führt das Kind engagiert und interessiert angebotene Experimente durch?	Engagement bei Experimenten	Hexenkochkunst → S. 62 Die Luftballonrakete → S. 65			

Bildungsbereich Wahrnehmung

Sehen, hören, tasten, riechen

Die Wasserfahrt

Alter: ab 5 Jahren
Anzahl: max. 6 Kinder
Material: 1 Decke oder Matte pro Kind, CD mit
Wasser-/Wellenplätschern, Regengeräuschen und
Meeresrauschen, Sprühflasche, mehrere Becher,
Pipette, Speisesalz, Eiswürfel/Eisbeutel, Mineral-
wasser, mind. 4 Trinkbecher pro Kind, mehrere
Schüsseln
Beobachtungsschwerpunkte: Gustatorische
Wahrnehmung, Taktile Wahrnehmung, Umgang mit
feuchten, glitschigen Materialien

Vorbereitung

Die Spielleitung dunkelt einen Raum leicht ab und
achtet darauf, dass er warm ist und eine gemütliche At-
mosphäre verbreitet. Für jedes Kind legt sie eine Decke bereit und legt die CD ein.
Sie füllt die Sprühflasche, zwei Becher und die Pipette
mit Wasser. In einen Becher streut sie zusätzlich Salz
und legt alle Materialien bereit.

Spielablauf

Alle Kinder legen sich auf eine der Decken. Die Spielleitung erzählt: *„Wir machen jetzt eine Reise den Fluss hinunter. Dazu hat jeder von euch ein Floß, auf dem ihr sitzt*
(Decke). *Ihr werdet das Wasser zwischendurch spüren,
aber ihr braucht euch dabei nicht zu erschrecken. Ihr
könnt einfach liegen bleiben und das schöne Gefühl des
Wassers genießen. Zieht jetzt eure Schwimmweste an*
(pantomimisch anziehen) *und macht es euch im Liegen
auf eurem Floß gemütlich. Schließt die Augen und spürt,
wie ihr langsam atmet, ein und aus, ein und aus. Auf dem
Floß neben euch atmet auch ein Kind, hört ihr es?"*
Die Spielleitung liest nun die folgende Geschichte vor
und setzt die Materialien an den passenden Stellen
ein.

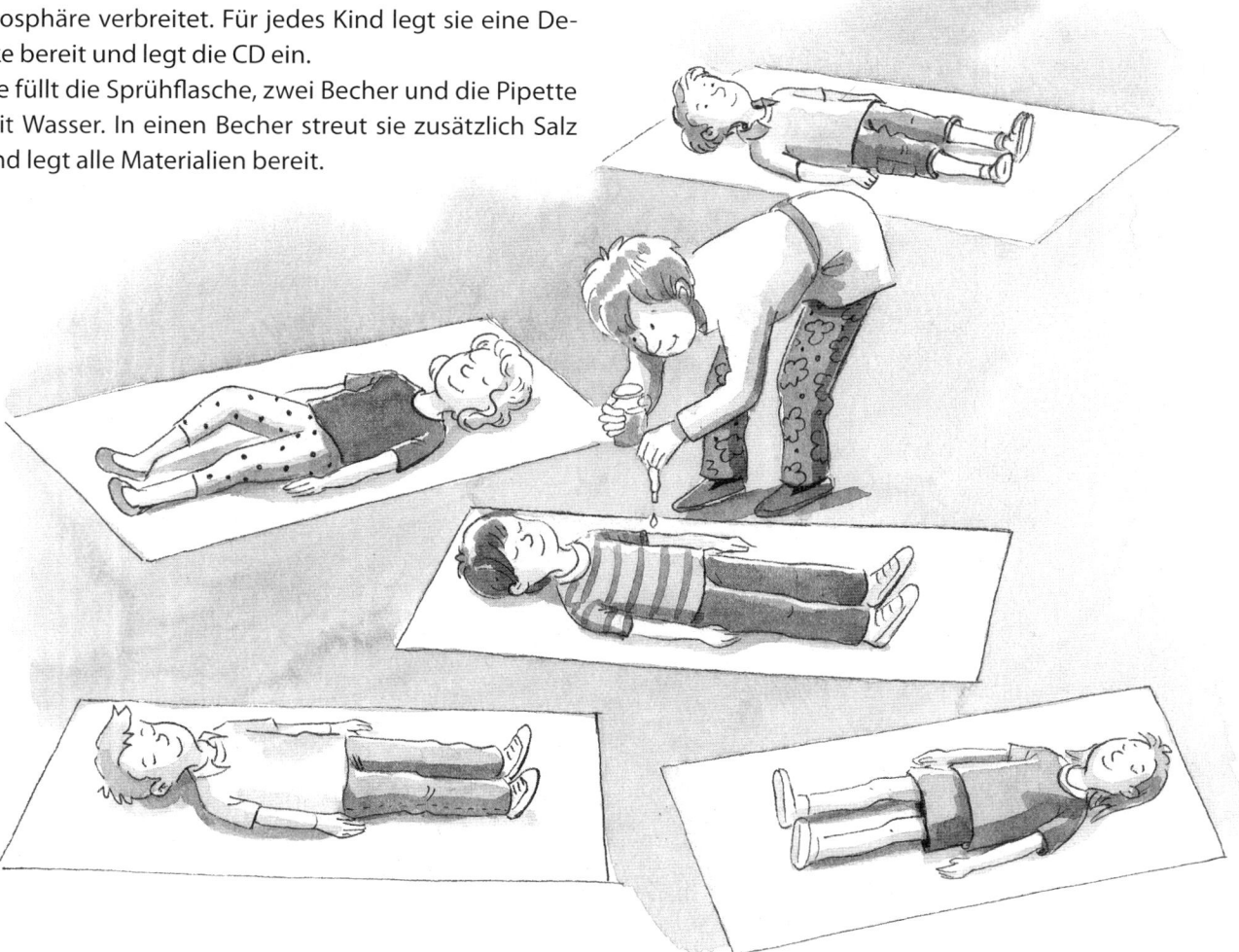

„Es ist ein schöner Tag. Die Sonne scheint warm auf euer Gesicht. Ihr stoßt euch mit den Beinen vom Ufer ab und euer Floß treibt langsam in die Mitte des Flusses. Das Floß gleitet dahin und die Wellen schlagen leicht gegen das Holz. Könnt ihr die Wellen hören? (CD Wasser / Wellen plätschern) Ihr lasst die Arme ins warme Wasser baumeln. Es fühlt sich gut an. Ihr steckt einen Finger ins Wasser, um es zu probieren. (die Spielleitung steckt einen Finger der Kinder in den Wasserbecher, die Kinder probieren) Das Wasser schmeckt süßlich.

Der kleine Fluss, auf dem ihr fahrt, mündet in einen größeren. Ihr gewinnt an Fahrt und die Wellen schwappen immer höher an euer Floß. Das Wasser scheint trüb. Ihr lasst die Hand ins Wasser gleiten und bemerkt, wie kalt das Wasser ist. (Eisbeutel auf die Hand der Kinder legen) Jetzt beginnt der spannende Teil der Reise: Ihr fahrt auf das Wildwasser zu und müsst euch gut an eurem Floß festhalten. Langsam schieben sich dicke, schwere Regenwolken vor die Sonne. Ihr lasst euch vom Wildwasser mitreißen. Ihr streift große Steine im Wasser und lasst euch von den Wellen durcheinanderwirbeln. Doch auf unserem Floß fühlt ihr euch sehr sicher und es macht euch Spaß, von den Wellen hin und her geworfen zu werden. Bald spürt ihr die ersten Regentropfen auf eurer Haut. (mit der Pipette Wassertropfen auf die Hand der Kinder tropfen / Regentropfengeräusche CD) Ihr erschreckt nicht, als der Wind etwas stärker wird und euch Wasserspritzer ins Gesicht wehen. (mit der Sprühflasche Wassernebel versprühen) Es kitzelt ein wenig, als das Wasser eure Wangen herunterrinnt.

Ihr werdet schneller, um vor dem Sonnenuntergang das Meer zu erreichen. Wenn ihr gut hinhört, könnt ihr das Meeresrauschen bis hierher hören. (CD Meeresrauschen) Ihr lasst euch ins Meer treiben und steckt einen Finger ins Wasser, um es zu probieren. (Finger der Kinder in den Becher mit Salzwasser tauchen, die Kinder probieren) Das Wasser schmeckt salzig.

Die Wellen stoßen an euer Floß und ihr fahrt auf den Strand auf. Ihr spürt, wie ihr wieder sicheren Boden unter euch habt. Ganz langsam beginnt ihr euch nach der langen Reise zu rekeln, zu dehnen und zu strecken. Ihr öffnet blinzelnd die Augen und setzt euch langsam auf. Dann zieht ihr auch eure Schwimmweste wieder aus und blickt euch im Raum um. (pantomimisch Schwimmweste ausziehen, Verdunklung beenden)

Schade, dass die Reise schon zu Ende ist. Zur Erfrischung gibt es jetzt erst einmal einen Schluck Mineralwasser. (alle bekommen einen Becher Wasser zum Trinken)

Um die verschiedenen Wassererfahrungen der Reise zu vertiefen, stellt die Spielleitung für jedes Kind mehrere Becher mit Süß- und Salzwasser bereit. Die Kinder probieren den Inhalt der Becher und sortieren sie nach Süß- und Salzwasser.

Aus hygienischen Gründen sollte die Spielleitung darauf achten, dass jedes Kind nur seine eigenen Becher benutzt.

Parallel werden Schüsseln mit unterschiedlichen Wassertemperaturen aufgestellt (Eiswürfel, kaltes Wasser, lauwarmes Wasser, warmes Wasser). Die Kinder erfühlen die Temperatur des Wassers und bringen die Gefäße in die richtige Reihenfolge von kalt nach warm.

Hinweis: Diese vertiefenden Spiele schaffen zahlreiche konkrete Beobachtungssituationen zu unterschiedlichen Wahrnehmungsbereichen.

Mantur der Drache 1

Alter: ab 4 Jahren
Anzahl: max. 6 Kinder
Material: Parfüm, Asche, Tannengrün, Stroh / Heu, frische Brotrinde, Kaffeepulver, 12 Filmdöschen oder Streichholzschachteln, Taschentücher, Gummibänder; evtl. Handpuppe
Beobachtungsschwerpunkt: Olfaktorische Wahrnehmung

Vorbereitung

Die sechs Duft-Materialien werden in je zwei Filmdöschen gefüllt. Über die Öffnung wird ein Taschentuch mit einem Gummiband gespannt.

Die Spielleitung kopiert außerdem – ggf. vergrößert – das Drachenbild von S. 77.

Spielablauf

Die Kinder sitzen im Halbkreis vor der Spielleitung und schauen sich das Drachenbild an. Die Spielleitung erzählt ihnen von einem Jungen namens Luca, der unbedingt einen Drachen kennenlernen möchte.

Während der folgenden Geschichte reicht die Spielleitung an den passenden Stellen die Filmdosen herum. Jedes Kind riecht einmal daran und überlegt kurz, welcher Duft sich in der Dose verbirgt.

„Luca, es ist Zeit ins Bett zu gehen", ruft die Mutter. „Ach, jetzt schon?" antwortet Luca, der gerade eine Garage aus Bauklötzen für seinen roten LKW baut. „Aber ja", antwortet seine Mutter aus dem Wohnzimmer, „es ist schon acht Uhr." Luca seufzt, zieht dann aber schnell seinen Schlafanzug an und kriecht unter die Bettdecke. Er nimmt seinen Teddy und drückte ihn fest an sich. Mmhh, der Teddy riecht so gut nach … **(Mamas Parfüm)***, von dem sie ihm ein wenig auf seinen Teddy gesprüht hat.*

Nachdem ihm seine Mutter gute Nacht gesagt hat, holt Luca noch schnell heimlich sein Lieblingsbuch hervor, das mit dem großen grünen Drachen, und schaut sich die Bilder an. Seine Augen werden immer schwerer und schwerer, bis ihm das Buch schließlich aus der Hand rutscht und Luca in einen tiefen Schlaf fällt.

Luca steht auf einer großen Wiese am Rand eines Waldes. Die Vögel zwitschern und die Sonne scheint warm vom Himmel. Lag er nicht gerade noch in seinem Bett? Er schaut sich verwirrt nach allen Seiten um. Plötzlich steigt ihm ein seltsamer Duft in die Nase, und er schnuppert. Das riecht doch nach – ja, kann das denn sein? Doch, jetzt ist er sich ganz sicher, es riecht nach … **(Feuer, Asche)***. Brennt es hier denn irgendwo?*

Über sich hört Luca auf einmal Flügel rauschen, und ein langer Schatten taucht über ihm auf. Plumps – da landet auch schon ein grünes Tier vor ihm auf der Wiese! Luca schaut es erstaunt an und fragt verblüfft: „Wer bist du denn?" – „Oh, ich bin Mantur der Drache. Ich habe dich auf meinem Flug nach Hause hier stehen sehen, und da habe ich zum Landeanflug angesetzt, um dich zu begrüßen", erklärt ihm das Wesen bereitwillig. Jetzt, wo Luca genauer hinschaut, erkennt er sofort dessen Drachenflügel und seine schuppige Haut – klar, das ist ein Drache, und scheinbar ein sehr freundlicher noch dazu. „Hallo Mantur, ich bin Luca. Toll, dich kennenzulernen, ich wollte schon immer mal einen echten Drachen treffen! Ich hab mich eben darüber gewundert, warum es hier so nach Feuer riecht?" Mantur lacht: „Oh ja, das bin ich. Du musst wissen, ich bin zwar nicht besonders groß für einen Drachen, aber richtig Feuer speien kann ich auf jeden Fall. Schau mal:" – und schon speit Mantur eine Wolke aus Feuer und Rauch in den blauen Himmel. „Wow, das würde ich auch gerne können", sagt Luca beeindruckt. „Aber sag mal, wo kommst du eigentlich her?"

„Weißt du was", sagt Mantur, „steig doch auf meinen Rücken, dann fliege ich mit dir zu meiner Drachenhöhle und zeige dir, wo ich lebe." Gesagt, getan. Luca steigt auf den Rücken des Drachen und sie fliegen los über die Wipfel der … **(Tannenzweige)** *Tannenbäume hinweg, deren Geruch Luca in die Nase steigt.*

Schon wenig später landen sie vor der Drachenhöhle und gehen hinein. „Hier wohne ich", sagt Mantur. Die Höhle ist sehr groß. Wasser läuft von den Wänden und bildet in der Mitte der Höhle einen kleinen See. „Im See kann ich baden und dort schlafe ich." Mantur zeigt in eine dunkle Ecke der Höhle. Luca schaut in die angegebene Richtung. Er kann nicht viel sehen, aber allein am Geruch erkennt er, auf was Mantur da schläft … **(Heu / Stroh)***. „Du schläfst auf Stroh?" fragt er. „Ja", nickt der Drache, „das ist sehr gemütlich und schön warm. Ich muss nur aufpassen, dass ich es nicht aus Versehen anzünde, wenn ich Feuer speie. Und hier koche ich." Mantur führt Luca zu einer großen Feuerstelle, über der ein eiserner Kessel hängt. Daneben ist mitten in der Höhlenwand ein riesiger Steinofen eingelassen. „Na, kannst du riechen, was es heute Mittag bei mir zu essen gibt?" Luca steht vor dem dampfenden Ofen und zieht den Duft durch die Nase ein …* **(Brot)** *„Mmhh, frisches, warmes Brot? Du isst heute Brot zum Mittagessen?" – „Oh ja, ich liebe Butterbrote mit Erdbeermarmelade", erwidert der Drache begeistert. „Wirklich?" fragt Luca ungläubig. „Ich auch!"*

„Soll ich dir mal ein Geheimnis verraten?" flüstert der Drache. „Oh ja, ich liebe Geheimnisse", flüstert Luca zurück. „Also, es ist nämlich so", sagt Mantur, „hier in meiner Höhle bewache ich einen großen

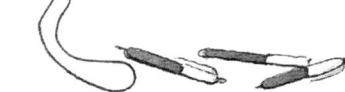

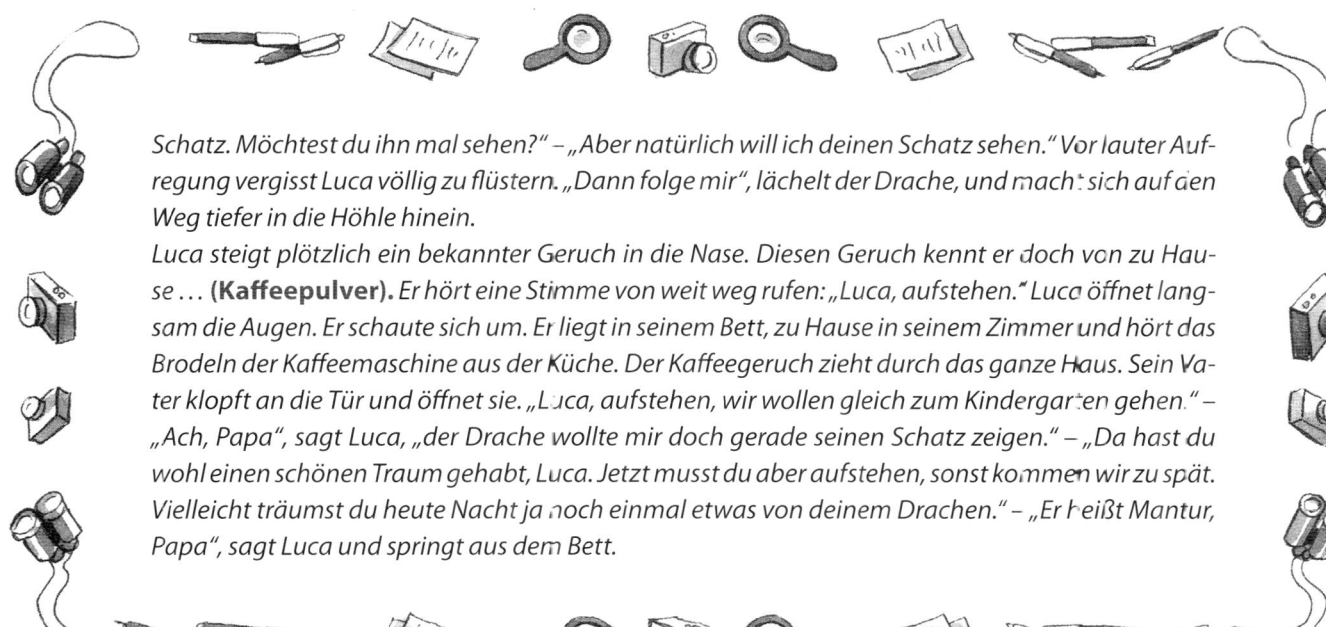

Schatz. Möchtest du ihn mal sehen?" – „Aber natürlich will ich deinen Schatz sehen." Vor lauter Aufregung vergisst Luca völlig zu flüstern. „Dann folge mir", lächelt der Drache, und macht sich auf den Weg tiefer in die Höhle hinein.

Luca steigt plötzlich ein bekannter Geruch in die Nase. Diesen Geruch kennt er doch von zu Hause … **(Kaffeepulver).** Er hört eine Stimme von weit weg rufen: „Luca, aufstehen." Luca öffnet langsam die Augen. Er schaute sich um. Er liegt in seinem Bett, zu Hause in seinem Zimmer und hört das Brodeln der Kaffeemaschine aus der Küche. Der Kaffeegeruch zieht durch das ganze Haus. Sein Vater klopft an die Tür und öffnet sie. „Luca, aufstehen, wir wollen gleich zum Kindergarten gehen." – „Ach, Papa", sagt Luca, „der Drache wollte mir doch gerade seinen Schatz zeigen." – „Da hast du wohl einen schönen Traum gehabt, Luca. Jetzt musst du aber aufstehen, sonst kommen wir zu spät. Vielleicht träumst du heute Nacht ja noch einmal etwas von deinem Drachen." – „Er heißt Mantur, Papa", sagt Luca und springt aus dem Bett.

Da die Filmdöschen in zweifacher Ausführung angefertigt werden, können die Kinder zum Abschluss der Geschichte ein Duftmemory spielen.
Hinweis: Diese und die folgenden Mantur-Geschichten eignen sich sehr gut, um sie von einer Handpuppe erzählen zu lassen. Die Handpuppe erhöht die Motivation und die Konzentration der Kinder. Außerdem hat sie einen hohen Wiedererkennungswert, falls die Mantur-Geschichten als kleines Projekt eingesetzt werden.

Mantur der Drache II

Alter: ab 4 Jahren
Anzahl: max. 6 Kinder
Material: Knäckebrot, Apfel, Banane, Knack-
würstchen, Ketchup, Quark, Schokostreusel,
5 Schälchen, Küchenhandtuch, 1 Löffel pro Kind;
evtl. weitere Lebensmittel-Proben (Obst, Gemüse,
Brot, Käse, Yoghurt …)
Beobachtungsschwerpunkt: Gustatorische
Wahrnehmung

Vorbereitung

Die Spielleitung bereitet die Lebensmittel in mundge-
rechter Form zu und legt sie in Schälchen bereit: Knä-
ckebrot-, Apfel- und Bananenstücke, Würstchenschei-
ben mit etwas Ketchup und Quark mit Streuseln. Die
Lebensmittel werden unter einem Küchenhandtuch
versteckt, damit die Kinder sie nicht sofort sehen können.

Spielablauf

Zum Einstieg spielen die Kinder mit der Spielleitung im
Stuhlkreis das Fingerspiel „Der Drache" (→ S. 44).
Für die anschließende Geschichte vereinbart die Spielleitung mit den Kindern ein Zeichen wie z. B. die Hand
heben, woraufhin die Kinder die Augen schließen. Passend zu den Textstellen bekommen sie jeweils eine
Geschmacksprobe gereicht und überlegen, wonach
es schmeckt.

*Die Mutter staunt. So schnell hat sich ihr Sohn Luca noch nie fürs Bett fertig gemacht. Und selbst sein Lieblingsabendessen … (**Knäckebrot**) hat er nicht ganz aufgegessen. Und jetzt Zähne put-zen, Schlafanzug anziehen – und das alles ohne Meckern! Die Mutter ist völlig sprachlos.*

*Luca kuschelt sich in seine Bettdecke und drückt den Teddy an sich. Hoffentlich träumt er heute wie-der von Mantur, dem Drachen. Er möchte doch zu gerne wissen, wie der Schatz des Drachen aus-sieht. Er braucht heute sehr lange um einzuschlafen, aber schließlich fallen ihm doch die Augen zu. Luca steht wieder auf der Wiese. Er schaut sich nach dem Drachen um, doch der ist nirgendwo zu sehen. Er sieht einen großen Baum am Waldrand stehen, der ihm beim letzten Mal nicht aufgefal-len ist. Der Baum trägt leckere Früchte. Jetzt merkt Luca erst, was für einen Hunger er hat. Er hätte doch sein Knäckebrot aufessen sollen. Er pflückt eine Frucht ab und probiert sie. Mmh, lecker … (**Apfel**), ein saftiger Apfel. Noch bevor er den Apfel aufgegessen hat, merkt er, dass ihn irgendje-mand am Hosenbein zieht. Er dreht sich um und entdeckt einen kleinen Zwerg, der sich an seiner Hose festhält. „Hallo, ich bin Tilo der Zwerg. Bist du Luca?" Erstaunt blickt Luca auf ihn hinunter. „Ja, aber woher kennst du meinen Namen?" – „Mein Freund, der Drache Mantur hat mir von dir er-zählt", entgegnet der Zwerg Tilo. „Genau den suche ich", sagt Luca aufgeregt. „Wo ist er?" – „Oh, da hast du aber Pech. Mantur besucht heute seinen Bruder hinter den Bergen und ist nicht zu Hause." – „Ach, schade, er wollte mir doch seinen Schatz zeigen."*

Luca ist enttäuscht. Er hatte sich so darauf gefreut, seinen neuen Drachenfreund wiederzusehen und noch einmal mit ihm in seine Höhle zu gehen. „Da muss er dich aber sehr mögen, wenn er dir sogar seinen Schatz zeigen will. Selbst mir hat er ihn noch nicht gezeigt", wundert sich der Zwerg. „Aber komm doch mit zu mir, ich habe wieder viel zu viel Essen gekocht und würde mich freuen, wenn du mitessen würdest." Damit ist Lucas Neugier schon wieder geweckt. Er schaut sich um und fragt: „Wo wohnst du denn?" Der Zwerg winkt ihn zu sich herunter und wispert ihm ins Ohr: „Direkt neben uns gibt es zwischen den Wurzeln des Apfelbaums einen versteckten Eingang zu meiner Zwergenhöhle! Ich verrate dir jetzt das Geheimnis, wie man den Eingang öffnet. Schau zu und mach es mir nach." Tilo streicht mit seiner Hand an einer bestimmten Stelle dreimal über die Rinde

des Apfelbaums. Luca macht es ihm zögernd nach – und siehe da, der Eingang zwischen den Wurzeln öffnet sich! Der Zwerg steigt mit seinen kurzen Beinen durch die Öffnung. Luca klettert hinterher. Er muss sich etwas bücken, damit er nicht mit dem Kopf anstößt.

Als er sich wieder aufrichtet, steht er in einem dunklen Raum. Luca kann die Hand nicht vor Augen sehen. „Es ist etwas dunkel hier", sagt Tilo, „weil mir mein Feuer nach dem Kochen ausgegangen ist. Normalerweise hilft Mantur mir da immer aus, indem er mit seinem Drachenfeuer den Ofen wieder anzündet. Aber wie gesagt, leider ist er nicht da. Ich kenne mich aber in meiner Wohnung sehr gut aus und finde mich hier auch im Dunkeln zurecht. Ich nehme dich einfach an der Hand und führe dich zu meinem Esstisch." Luca spürt die kleine Zwergenhand in seiner eigenen und lässt sich von dem Zwerg mitziehen. Nach ein paar Schritten stößt er sacht gegen einen Stuhl und setzt sich darauf. Er hört, wie Tilo eine Schüssel auf den Tisch stellt und merkt, wie er ihm einen Löffel in die Hand drückt. „Probier mal meine Vorspeise", sagt der Zwerg eifrig. Luca tastet mit dem Löffel zur Schüssel und probiert den Inhalt. Es schmeckt wie … **(Banane)**. „Lecker, nicht wahr?" fragt Tilo. „Nun aber mein Hauptgang – warte kurz." Tilo holt einen Teller, stellt ihn vor Luca auf den Tisch und dieser probiert. „Ah, das kenne ich, das gibt es bei uns zu Hause meistens Samstagsabends. Das sind … **(Knackwürstchen mit Ketchup)**.

Gibt es denn jetzt auch noch einen Nachtisch?" – „Klar", sagt Tilo, „ich hole ihn." Diesmal bekommt Luca eine kleine Schüssel vor sich auf den Tisch gestellt. Er taucht den Löffel ein und probiert. „Oh … **(Quark mit Streuseln)**, das ist ein feiner Nachtisch! Jetzt bin ich aber wirklich satt, vielen, vielen Dank!" Der Zwerg freut sich, dass es Luca so gut geschmeckt hat. Er begleitet ihn wieder nach draußen. Dort müssen sich Lucas Augen erst wieder langsam an das Tageslicht gewöhnen. „Jetzt muss ich mich leider schon von dir verabschieden", sagt Luca. „Aber vielleicht sehen wir uns bald wieder? Und grüß Mantur von mir, wenn du ihn siehst!" Er läuft über die Wiese und der Zwerg winkt ihm zum Abschied. Da hört Luca auch schon seine Mutter rufen: „Luca, Luca, aufstehen, ich habe dir einen heißen Kakao gemacht." Luca wacht auf, streckt sich und springt aus dem Bett. „Ja, Mama, ich komme", ruft er und rennt die Treppe hinunter.

Zum Abschluss fragt die Spielleitung die Kinder, ob sie sich noch an alles erinnern können, was Luca bei Tilo gegessen hat. Haben sie alle Lebensmittel erkannt? Hat ihnen alles geschmeckt? Was essen die Kinder selbst am liebsten?

Variante

Die Spielleitung stellt weitere Lebensmittelproben bereit und die Kinder füttern sich in Paaren abwechselnd mit geschlossenen Augen. Erraten die gefütterten Kinder, was sie probieren? Können sie benennen, ob es süß oder salzig, bitter oder sauer schmeckt?

Hinweise:
- Natürlich kann die Spielleitung die Lebensmittel in der Geschichte verändern. Grundsätzlich muss auf Nahrungsmittelallergien der Kinder und unterschiedliche Essgewohnheiten geachtet werden (z. B. kein Schweinefleisch).
- Aus hygienischen Gründen sollte die Spielleitung darauf achten, dass die Hände gewaschen sind und jedes Kind seinen eigenen Löffel erhält.

Mantur der Drache III

Alter: ab 4 Jahren
Anzahl: max. 6 Kinder
Material: Pipette, Gras, Stein, Papiertaschentuch,
Zeichenpapier, Pappe, Bonbonpapier, Walnuss,
2 Decken, Zeitungspapier, viele Bierdeckel, Tast-
materialien wie feiner Sand, grobkörniger Sand,
Schmirgelpapier, Fäden, Stoffreste, Holzplättchen,
Folie usw., Alleskleber, Beutel
Beobachtungsschwerpunkt: Taktile Wahrnehmung

Vorbereitung

Die Pipette wird mit Wasser gefüllt und mit Gras, Stein,
Taschentuch, Papier, Pappe, Bonbonpapier und Walnuss unter einer Decke verborgen bereitgelegt. Die
Spielleitung breitet die zweite Decke in der Kreismitte
aus und versteckt darunter Zeitungspapier.

Spielablauf

Alle Kinder setzen sich um die Decke herum. Sie ertasten das Zeitungspapier und die Spielleitung erzählt,
dass dies dem Drachen Mantur gehört.
Passend zu den Textstellen der folgenden Geschichte
schließen die Kinder auf ein Zeichen der Spielleitung
die Augen und bekommen die jeweils passenden Materialien gereicht, die sie mit den Händen ertasten.

*Luca kuschelt sich fest in seine … (**Decke**), die er sich bis über die Nase gezogen hat. Sie fühlt sich gut an, so weich. Er schließt die Augen und denkt an Mantur den Drachen. Ob er wohl heute von ihm träumt? Leider war Mantur beim letzten Mal nicht zu Hause. Aber heute ist er bestimmt da, und vielleicht zeigt er ihm nun endlich seinen Drachenschatz. Luca dreht sich um und ist schon bald eingeschlafen.*

*Er fühlt es, er steht barfuß auf … (**Wiese / Gras**) der Wiese. Er schaut sich nach allen Seiten um, aber nichts ist zu sehen außer ein paar Vögeln, die lustig durch das Gras hüpfen. Luca beschließt, sich allein auf den Weg zur Drachenhöhle zu machen. Schon von Weitem sieht er Mantur vor der Höhle in der Sonne liegen und winkt ihm zu. „Schön, dass du mich mal wieder besuchst", begrüßt ihn der Drache. „Das letzte Mal warst du leider nicht da", bedauert Luca. „Ja, das stimmt, ich habe meinen Bruder besucht. Aber Tilo der Zwerg hat mir erzählt, dass du bei ihm warst." Luca nickt. „Jetzt komm doch erst mal rein!" Mantur führt Luca in seine Höhle. Luca kann in der dunklen Höhle kaum etwas sehen, er muss sich erst an das schummrige Licht gewöhnen. Platsch – macht es da plötzlich, und irgendetwas trifft ihn direkt auf die Nase … (**Wassertropfen**) „Oh", sagt Mantur, „in der letzten Nacht hat es stark geregnet, deshalb ist es etwas feucht hier. Aber wenn wir tiefer in die Höhle gehen, wird es besser, komm." Luca folgt Mantur und tastet sich dabei an der nassen Höhlenwand entlang. Er fühlt den festen (**Stein**).*

*Nach kurzer Zeit betreten sie eine kleine Kammer, in deren Mitte sich eine uralte, große Schatztruhe befindet. Mantur dreht sich zu Luca um und sagt: „Jetzt schließ die Augen, ich lege dir einen Teil meines Schatzes in die Hand, dann kannst du raten, was es ist … (**Papiertaschentuch**). „Das verstehe ich nicht", meint Luca verwirrt, „dein Schatz besteht aus Papiertaschentüchern?" – „Oh, warte", sagt Mantur, „ich habe noch etwas viel Besseres", und er legt Luca etwas anderes in die Hand (**Zeichenpapier**). „Das ist ja alles Papier", stellt Luca erstaunt fest. „Super, nicht wahr?" antwortet Mantur. „Ich liebe Papier. Fass doch mal dieses hier an. Fühlt sich das nicht wunderbar an? (**Pappe**) Papier kann weich sein wie ein Papiertaschentuch oder hart wie Pappe, es kann glitzern und bunt sein oder einfach dreckig und grau. Papier ist einfach herrlich. Ich habe sehr lange gebraucht, um diese Truhe zu füllen. Hier im Drachenwald gibt es nicht viel Papier. Außerdem muss ich sehr vorsichtig sein, es brennt leicht und du weißt ja, ich kann Feuer speien."*

„Aber Papier ist doch kein richtiger Schatz!" Luca ist enttäuscht und weiß nicht so recht, ob Mantur sich nur über ihn lustig machen will. „Aber natürlich ist es das, es ist mein richtiger Schatz. Ein Schatz ist etwas, das einem wichtig ist und das einem sehr viel bedeutet. Diese Sammlung von Papier ist mir sehr wichtig und ich habe mir viel Mühe gegeben, dies alles zu sammeln", erklärt ihm Mantur geduldig. „Komm, ich zeig dir noch ein paar meiner schönsten Stücke." Mantur zeigt Luca glitzerndes … **(Bonbonpapier)** *und einen kleinen vergoldeten Karton. „Karton ist auch Papier, weißt du", sagt Mantur. „Tilos Geburtstagsgeschenk war darin eingepackt und er hat mir netterweise den Karton geschenkt." – „Tja," sagt Luca, „ich dachte, du hast vielleicht eine Truhe mit Gold, Silber und Edelsteinen, aber wenn ich es mir richtig überlege, ist dein Schatz auch wirklich hübsch." Mantur strahlt über das ganze grüne Drachengesicht. „Ich freue mich, dass dir mein Schatz gefällt. Aber jetzt habe ich auch noch was für dich. Schließ doch noch mal die Augen!" Mantur legt Luca einen kleinen Gegenstand in die Hand. Luca befühlt ihn* **(Walnuss)**.*

„Ich schenke sie dir. Ich habe sie heute Morgen auf der Wiese vor meiner Drachenhöhle gefunden. Sofort habe ich mir gedacht: Mantur, die schenkst du Luca. Es gibt so viele verschiedene Sorten von Nüssen auf der Welt – vielleicht möchtest du sie ja sammeln für deinen eigenen Nuss-Schatz?" Luca bedankt sich bei Mantur, betrachtet die Nuss noch einen Augenblick und steckt sie dann sorgsam in seine Hosentasche. Ob er wirklich Nüsse sammeln will, weiß er nicht, aber die Walnuss von Mantur will er auf jeden Fall aufbewahren.*

„Luca, aufstehen, wir wollen heute in den Zoo fahren." Luca hört die Stimme seines Vaters und wacht auf. „Oh, ja, das hatte ich ganz vergessen", murmelt Luca. Er blinzelt, schlägt die Augen auf und springt auch schon aus dem Bett. „Schade, dass man von Drachen nur träumen, sie aber nicht im Zoo betrachten kann", denkt Luca und lacht.

Am Ende der Geschichte wird mit den Kindern ein Tastmemory erstellt. Dazu werden in zweifacher Ausführung verschiedene Tastmaterialien auf Bierdeckel geklebt. Die fertigen Deckel werden alle in einen Beutel gelegt.

Die Kinder spielen in Paaren und tasten abwechselnd nach zwei gleichen Materialien. Bevor sie einen Deckel aus dem Beutel ziehen, versuchen sie zu benennen, was sie gerade ertasten. Ziehen sie ein gleiches Paar aus dem Beutel heraus, dürfen sie noch einmal tasten. Sind es zwei verschiedene Deckel, kommen diese in den Beutel zurück und das andere Kind ist an der Reihe. Wer hat am Ende die meisten Paare?

Mantur der Drache IV

Alter: ab 4 Jahren
Anzahl: max. 6 Kinder
Material: Fahrradklingel, Wecker, Schüssel, Blätter,
trockener Zweig, Klanghölzer, Decke, Eieruhr;
evtl. Orff-Instrumente, Aufnahmegerät
Beobachtungsschwerpunkt: Auditive
Wahrnehmung

Vorbereitung

Alle Materialien werden zur Geräuscherzeugung bereitgestellt und die Schüssel mit Wasser gefüllt. Aus
dem Wecker wird die Batterie herausgenommen und
erst wieder eingelegt, wenn in der Geschichte das We-
ckerticken erklingen soll. Alle Materialien werden unter einer Decke verborgen.

Für das Einstiegsspiel versteckt die Spielleitung ein ko-
piertes Bild von Mantur (→ S. 77) zusammen mit einer
tickenden Eieruhr im Raum.

Spielablauf

Die Kinder kommen in den Raum und sollen anhand
des Tickens der Eieruhr das Mantur-Bild finden. Können sie sich an dem Geräusch orientieren und das Versteck finden?
An den entsprechenden Textstellen der folgenden Geschichte schließen die Kinder auf ein Zeichen der Spielleitung die Augen. Die Spielleitung erzeugt das jeweils
passende Geräusch und die Kinder benennen die Art
des Geräusches.

Es ist Abend. Luca legt sich in sein Bett und schließt die Augen. Er hört draußen auf der Straße …
(Fahrradklingel) *ein Fahrrad vorbeifahren. Er atmet langsam ein und aus. Der …* **(Weckerti-**
cken) *Wecker tickt auf seinem Nachttisch. Heute war ein schöner Tag. Er war mit Mama und Pa-*
pa … **(plätschern in der Wasserschüssel)** *schwimmen. Papa ist mit ihm zusammen die Wasser-*
rutsche hinuntergesaust und zum Schluss waren sie alle noch ein Eis essen. „Ich bin so müde", denkt
er noch, und schon ist er eingeschlafen.
Er liegt auf der Wiese vor dem Drachenwald. Die Sonne scheint, es ist warm und er hört … **(Blätter**
rascheln), *wie die Blätter der Bäume sich im Wind bewegen. Er steht auf und macht sich laut pfei-*
fend auf den Weg zur Drachenhöhle, um seinen Freund, Mantur den Drachen, zu besuchen. Da hört
er hinter sich … **(Zweig zerbrechen)** *einen Zweig knacken. Er dreht sich um und sieht gerade noch*
einen Hasen über die Wiese davonhoppeln. „Hoffentlich habe ich den nicht erschreckt", denkt Lu-
ca, „ich sollte wohl im Wald nicht so laut pfeifen, hier wohnen ja viele Tiere, die ich vielleicht störe."
Nach kurzer Zeit sieht er schon von Weitem Mantur und auf dessen Rücken den Zwerg Tilo vor der
Höhle liegen. Sie haben die Augen geschlossen. Luca beugt sich über die beiden Freunde und fragt:
„Was macht ihr da? Sonnt ihr euch?" – „Pssssst", flüstert Tilo, „sei leise, gleich habe ich gewonnen."
„Gewonnen? Soll das hier ein Spiel sein?" fragt Luca erstaunt. Im selben Moment springt Tilo auf und
ruft: „Ich hab's, ich weiß es jetzt, du meinst das … **(Klanghölzer)** *Klopfen des Spechts!" – „Okay, du*
hast gewonnen", lächelt Mantur. „Ich meine wirklich den Specht. Aber jetzt lass uns erst einmal un-
seren Freund Luca begrüßen." Der Zwerg und der Drache setzen sich auf, sagen Hallo und erklären
Luca ihr neu erfundenes Spiel. „Einer von uns sucht sich ein Geräusch aus, das er in der Umgebung
hören kann. Der andere versucht herauszufinden, welches Geräusch gemeint ist. Wir nennen es: ,Ich
höre was, das du nicht hörst'. Es macht Spaß – willst du mitspielen?"
Natürlich möchte Luca mitspielen. Die drei Freunde legen sich nebeneinander ins Gras und schlie-
ßen die Augen. „Dann kann man einfach besser hören", sagt Mantur. „Du darfst anfangen, Luca",
entscheidet der Drache großzügig. Luca überlegt: Welches Geräusch könnte er nehmen? Er horcht
einen Augenblick in die Umgebung. Dann lächelt er und sagt: „Ich höre was, das ihr nicht hört."

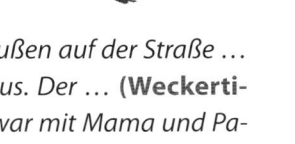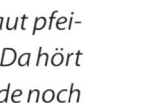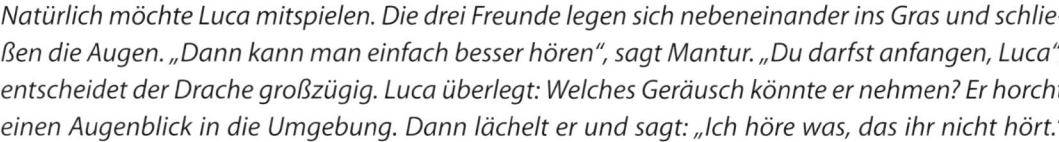

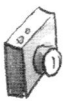

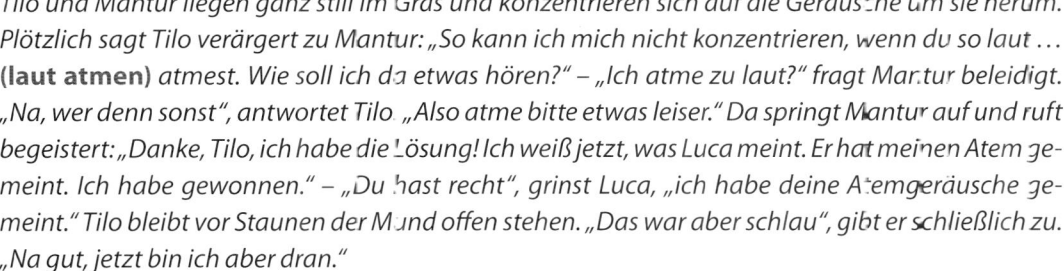

Tilo und Mantur liegen ganz still im Gras und konzentrieren sich auf die Geräusche um sie herum. Plötzlich sagt Tilo verärgert zu Mantur: „So kann ich mich nicht konzentrieren, wenn du so laut … **(laut atmen)** *atmest. Wie soll ich da etwas hören?" – „Ich atme zu laut?" fragt Mantur beleidigt. „Na, wer denn sonst", antwortet Tilo „Also atme bitte etwas leiser." Da springt Mantur auf und ruft begeistert: „Danke, Tilo, ich habe die Lösung! Ich weiß jetzt, was Luca meint. Er hat meinen Atem gemeint. Ich habe gewonnen." – „Du hast recht", grinst Luca, „ich habe deine Atemgeräusche gemeint." Tilo bleibt vor Staunen der Mund offen stehen. „Das war aber schlau", gibt er schließlich zu. „Na gut, jetzt bin ich aber dran."*

Alle drei legen sich wieder nebeneinander ins Gras und schließen die Augen. Luca hört plötzlich etwas … **(laute Schritte auf der Stelle machen)**. *Es hört sich an, als würde jemand auf sein Zimmer zulaufen. Jetzt hört er auch noch eine Stimme: „Luca, kommst du herunter? Wir wollen zusammen frühstücken." Luca erkennt sofort die Stimme seines Vaters. Er hätte gerne noch gewusst, welches Geräusch sich Tilo aussuchen würde, aber der Traum ist leider zu Ende. Dafür spürt er seinen Magen knurren und freut sich schon auf ein leckeres Frühstücksbrötchen.*

Am Ende der Geschichte gehen die Kinder zusammen nach draußen und spielen: „Ich höre was, das du nicht hörst". An kühleren Tagen stehen sie einfach im Kreis zusammen, an warmen Tagen legen sie sich wie die drei Freunde in der Geschichte mit dem Rücken auf eine Wiese.

Hinweis: Die Geräusche aus der Geschichte können nach Belieben verändert werden.

Varianten

- Alle Kinder legen sich im Raum mit verbundenen Augen auf den Boden. In der Mitte liegen verschiedene Orff-Instrumente bereit, die den Kindern vertraut sind. Ein Kind oder die Spielleitung sucht sich ein Instrument aus und erzeugt an drei verschiedenen Stellen im Raum Geräusche. Die anderen Kinder heben bei jedem Klang einen Arm und zeigen in die Richtung, aus der sie das Geräusch hören. Nach dem dritten Klang raten sie, welches Instrument sie gerade gehört haben.

- Die Kinder erstellen selbst eine Geräusche-Kassette. Sie erzeugen mit unterschiedlichsten Gegenständen, Instrumenten oder mit ihrem Körper Geräusche, die die Spielleitung aufnimmt. Danach wird das Band abgespielt. Können die Kinder alle Geräusche benennen und dasjenige heraushören, das sie selbst produziert haben?

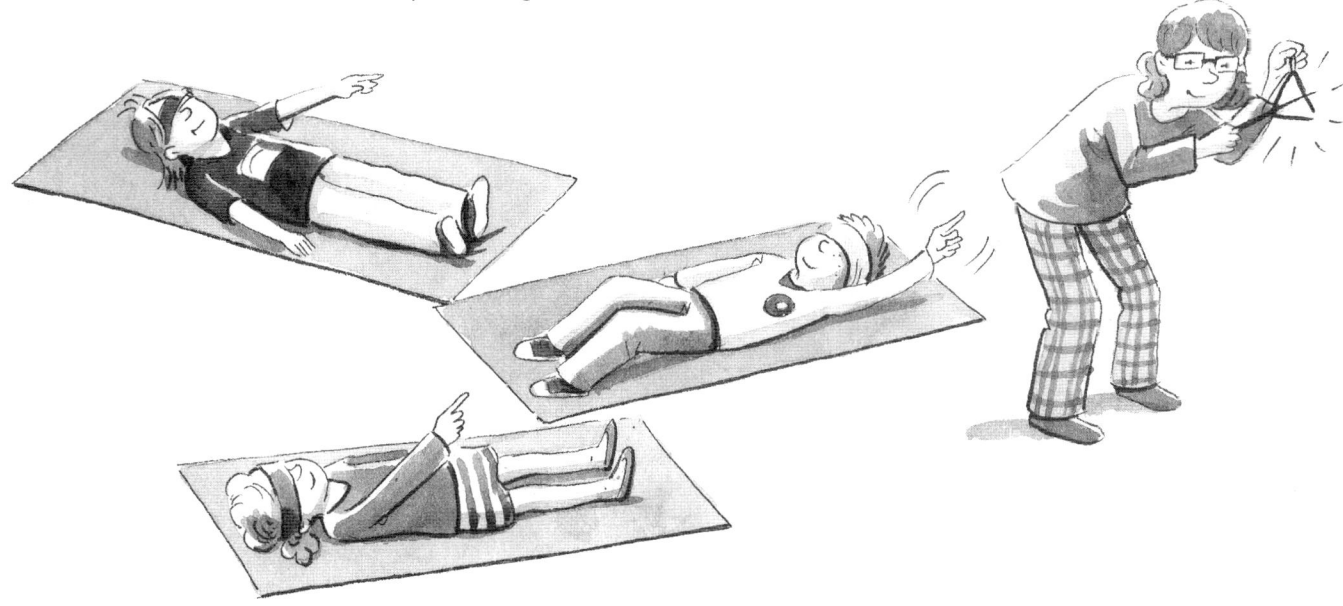

Mantur der Drache V

Alter: ab 5 Jahren
Anzahl: max. 6 Kinder
Material: Tonkarton, Malsachen
Beobachtungsschwerpunkte: Visuelle Wahrnehmung, Figuren ergänzen / wahrnehmen, Berührungspunkte lokalisieren

Vorbereitung

Die Abbildungen auf S. 86 werden einmal vergrößert kopiert und einzeln ausgeschnitten.

Die einzelnen Bilder werden noch einmal für jedes Kind kopiert, wobei die Spielleitung mit dem Tonkarton jeweils einen Teil des Bildes abdeckt, sodass die Gegenstände oder Figuren nur ungefähr zur Hälfte zu sehen sind. Dieser Bilderstapel wird für das Spiel nach der Geschichte beiseitegelegt.

Die zehn kompletten Einzelbilder legt die Spielleitung neben dem Tonkarton in der Reihenfolge bereit, in der sie in der Geschichte vorkommen.

Spielablauf

Die Kinder und die Spielleitung bilden einen Sitzkreis. Ein Kind legt sich mit geschlossenen Augen auf den Bauch in die Mitte. Die anderen Kinder stehen nacheinander auf und berühren das liegende Kind an unterschiedlichen Körperstellen. Das Kind in der Mitte benennt den Körperteil, an dem es berührt wurde, z. B. *„rechtes Ohr"* oder *„Rücken"*. Jedes Kind darf einmal in der Mitte liegen.

Die Spielleitung erzählt den Kindern, dass Luca sich heute bestimmt nicht gern am Arm hätte berühren lassen. Der Arm tut ihm nämlich weh – warum das so ist, erfahren sie in der folgenden Geschichte. Dazu setzen sich die Kinder in einem engen Halbkreis vor die Spielleitung.

Die Spielleitung legt entsprechend dem Text jeweils eines der Bilder so vor die Kinder auf den Boden, dass es zunächst komplett von dem Tonkarton verdeckt ist. Sie schiebt den Karton so weit zur Seite, dass ein Ausschnitt zu sehen ist, anhand dessen die Kinder den Gegenstand auf dem Bild erraten sollen.

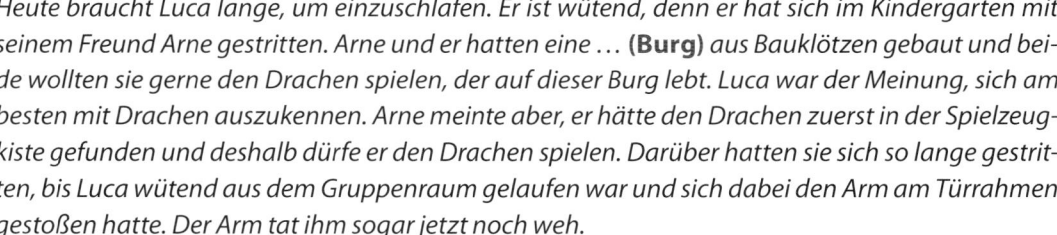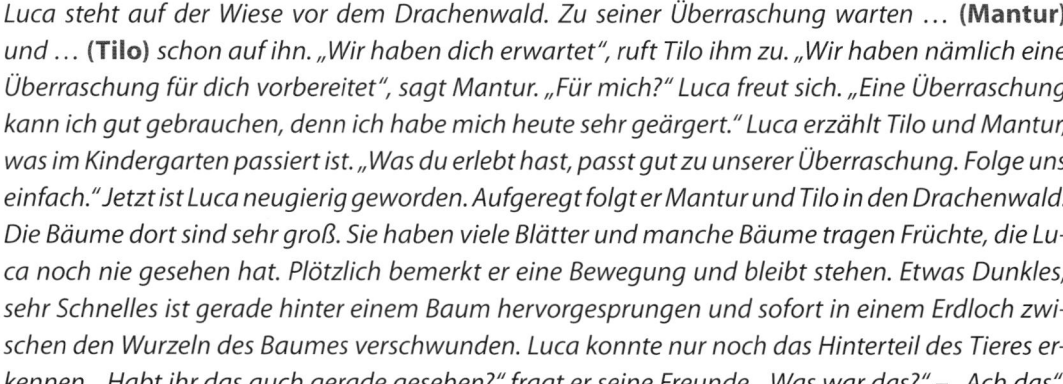

*Heute braucht Luca lange, um einzuschlafen. Er ist wütend, denn er hat sich im Kindergarten mit seinem Freund Arne gestritten. Arne und er hatten eine … (**Burg**) aus Bauklötzen gebaut und beide wollten sie gerne den Drachen spielen, der auf dieser Burg lebt. Luca war der Meinung, sich am besten mit Drachen auszukennen. Arne meinte aber, er hätte den Drachen zuerst in der Spielzeugkiste gefunden und deshalb dürfe er den Drachen spielen. Darüber hatten sie sich so lange gestritten, bis Luca wütend aus dem Gruppenraum gelaufen war und sich dabei den Arm am Türrahmen gestoßen hatte. Der Arm tat ihm sogar jetzt noch weh.*

„Ach, Arne ist blöd", denkt Luca. Er dreht sich zur Seite, grummelt noch ein wenig vor sich hin und schläft schließlich ein.

*Luca steht auf der Wiese vor dem Drachenwald. Zu seiner Überraschung warten … (**Mantur**) und … (**Tilo**) schon auf ihn. „Wir haben dich erwartet", ruft Tilo ihm zu. „Wir haben nämlich eine Überraschung für dich vorbereitet", sagt Mantur. „Für mich?" Luca freut sich. „Eine Überraschung kann ich gut gebrauchen, denn ich habe mich heute sehr geärgert." Luca erzählt Tilo und Mantur, was im Kindergarten passiert ist. „Was du erlebt hast, passt gut zu unserer Überraschung. Folge uns einfach." Jetzt ist Luca neugierig geworden. Aufgeregt folgt er Mantur und Tilo in den Drachenwald. Die Bäume dort sind sehr groß. Sie haben viele Blätter und manche Bäume tragen Früchte, die Luca noch nie gesehen hat. Plötzlich bemerkt er eine Bewegung und bleibt stehen. Etwas Dunkles, sehr Schnelles ist gerade hinter einem Baum hervorgesprungen und sofort in einem Erdloch zwischen den Wurzeln des Baumes verschwunden. Luca konnte nur noch das Hinterteil des Tieres erkennen. „Habt ihr das auch gerade gesehen?" fragt er seine Freunde. „Was war das?" – „Ach das",*

sagt Tilo, „das war nur ein … **(Hase)** Im Drachenwald leben ganz viele Hasen. Sie erschrecken sich schnell und verstecken sich dann in ihrem Hasenbau. Hier gibt es sehr viele Tiere, aber eigentlich sind alle freundlich und harmlos. Komm weiter, wir sind gleich da."

Die drei Freunde gelangen an eine Lichtung, auf der eine große, alte … **(Tanne)** steht. „So, wir sind da", sagt Mantur. „Hinter dem Baum haben wir etwas für dich vorbereitet." Luca ist neugierig und lugt hinter den dicken Stamm. Zuerst kann er nur den Zipfel einer … **(Decke)** erkennen, doch dann sieht er, dass darauf viele leckere Sachen stehen: Da gibt es Kuchen und Butterbrote mit Käse und Wurst, eine Schale mit Äpfeln, Birnen und Bananen, auf einem Teller liegen … **(Weintrauben)** und er sieht einen Krug voll mit Apfelsaft. „Oh, lecker, ein Picknick für uns drei", ruft Luca begeistert. „Ich habe einen Bärenhunger." – „Na, dann lass uns essen", lacht Tilo. Als sich alle drei satt gegessen haben und Luca wirklich nicht mehr das kleinste Krümelchen essen kann, fällt ihm etwas ein. „Was hat denn das Picknick mit meinem Streit heute Morgen im Kindergarten zu tun?" fragt er Mantur. Dieser erklärt ihm: „Wir drei sind Freunde. Und Arne und du, ihr seid auch Freunde. Freunde tun Dinge füreinander, die dem anderen Freude machen. Wir wollten dir mit diesem Picknick hier eine Freude machen. Manchmal aber streiten sich Freunde auch. Dann können sie nach einer Lösung für ihren Streit suchen und sich wieder vertragen." – „So ist das", seufzt Tilo zufrieden und schiebt sich das letzte Stückchen … **(Banane)** in den Mund.

Luca ist nachdenklich geworden. Arne ist wirklich sein Freund. Sie müssen sich einfach wieder vertragen und eine Lösung finden – und er weiß auch schon wie! Morgen wird er ihm vorschlagen, sich beim Spielen mit dem Drachen abzuwechseln oder er wird sich einfach einen eigenen Drachen aus grünen Legosteinen bauen. Vielleicht können sie auch eine ganze Drachenherde bauen. Ihm fällt ein, dass Arne sehr gut Burgen aus Bauklötzen bauen kann, und dass es für ihn bestimmt kein Problem ist, die Burg für ein paar Drachen zu erweitern …

Da hört Luca eine Stimme nach ihm rufen: „Luca, aufstehen. Der Vater von Arne hat gerade angerufen, sie wollen dich heute abholen und mit zum Kindergarten nehmen." Luca springt aus dem … **(Bett)**. Super, dann kann er Arne ja gleich seine Idee erklären und sich wieder mit ihm vertragen. Vergnügt hüpft Luca ins Badezimmer, um sich die … **(Zähne)** zu putzen. Den Schmerz im Arm spürt er schon gar nicht mehr.

Alle Kinder erhalten von der Spielleitung einen Satz der kopierten Bilder, auf denen jeweils nur die halbe Abbildung zu sehen ist. Sie malen die Bilder weiter, indem sie die fehlenden Teile ergänzen. Hierbei beobachtet die Spielleitung, ob die Kinder von einem Teil auf das komplette Ganze schließen können und das Bild korrekt ergänzen.

Die fertigen Bilder werden mit in die Dokumentationsmappen geheftet.

Hinweis: Beim Ergänzen der Bilder ist es nicht wichtig, ob sie am Ende genau mit der Vorlage übereinstimmen, sondern ob ein in sich stimmiges und sinnvolles Bild entstanden ist!

Weitere Wahrnehmungs-Spielanlässe

- **Auditive Wahrnehmung:** vielfältige Höreindrücke anbieten, z. B. verschiedene Instrumente einsetzen, gemeinsam musizieren in verschiedenen Lautstärken, Körperinstrumente einsetzen und damit experimentieren, Alltagsgeräuschen lauschen, Hörmemory anbieten, Geräusche-CDs zum Geräusche-Raten einsetzen …

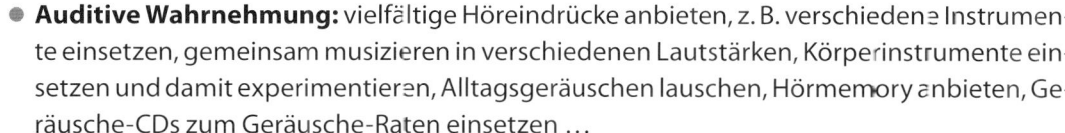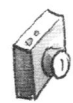

- **Visuelle Wahrnehmung:** vielfältige Seheindrücke anbieten, z. B. durch Lupe, Mikroskop, Kaleidoskop, Zerrspiegel, farbige Folien …, Kindermemory (mit gemalten Bildern der Gruppenkinder in zweifacher Form), Kimspiele, Bildbetrachtungen (Bilderbücher, Kunstbände, Wimmelbilderbücher, Sachbücher, Kinder-Bildlexika …), Bildergeschichten, Puzzle, Fehlersuche auf Rätselbildern …

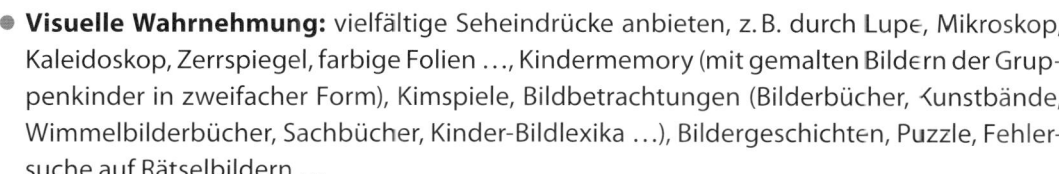

- **Taktile Wahrnehmung:** verschiedene Tastmemorys, Massagematerialien anbieten wie Igelbälle, weiche Bürsten, Pinsel, Öle, Cremes, Klangschalen (auf Körperteile stellen und klingen lassen) usw., Lehm, Ton, Knetmasse, Pappmaschee, Rasierschaum, Fingerfarbe, Tastkästen mit verschiedenem Inhalt, auch für Barfuß-Aktionen …

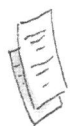

- **Gustatorische Wahrnehmung:** gemeinsam kochen, backen, bewusstes Probieren von unterschiedlichen Lebensmitteln in der Küche, auf dem Markt, beim gemeinsamen Essen, seltene Gewürze probieren, ungewöhnliche Geschmackserfahrungen anbieten …

- **Olfaktorische Wahrnehmung:** Geruchsmemory, Naturerlebnisse nutzen wie eine frisch gemähte Wiese, ein Kuhstall, Blumen, Gewitterluft etc., Duftöle vergleichen …

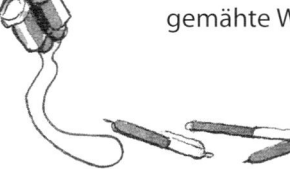

Dokumentationstabelle Wahrnehmung

Name & Alter der Kinder: 1. 2. 3. 4.

Frage	Beobachtungs-schwerpunkt	Spielanlass	Name	Datum	Beobachtung
Wie sind die visuellen Fähigkeiten des Kindes ausgeprägt (Nahsicht/Fernsicht, differenziertes Sehen z.B. im Wimmelbilderbuch etc.)?	Visuelle Wahrnehmung	Mantur der Drache V → S. 84			
Kann das Kind verschiedene Figuren ergänzen bzw. Teile von Figuren als Ganzes wahrnehmen (ein halbes Haus zu einem ganzen ergänzen etc.)?	Figuren ergänzen/wahrnehmen	Mantur der Drache V → S. 84			
Kann das Kind verschiedene Düfte erkennen (Blume, Kaffee, Zwiebel etc.)?	Olfaktorische Wahrnehmung	Mantur der Drache I → S. 75			

Frage	Beobachtungs-schwerpunkt	Spielanlass	Name	Datum	Beobachtung
Kann das Kind verschiedene Geschmacksrichtungen unterscheiden (Banane, Apfel etc.)?	Gustatorische Wahrnehmung	Die Wasserfahrt → S. 74 Mantur der Drache II → S. 78			
Kann das Kind Geräuschquellen lokalisieren (Richtung/Art des Geräusches)?	Auditive Wahrnehmung	Mantur der Drache IV → S. 82			
Erkennt das Kind Oberflächen, Gegenstände und Formen mit geschlossenen Augen und kann diese benennen (Dreieck, Kreis, rau, glatt, warm, kalt, weich, Spielzeugauto etc.)?	Taktile Wahrnehmung	Die Wasserfahrt → S. 74 Mantur der Drache III → S. 80			
Kann das Kind Berührungspunkte auf der Haut lokallsieren?	Berührungspunkte lokallsieren	Mantur der Drache V → S. 84			

Frage	Beobachtungs-schwerpunkt	Spielanlass	Name	Datum	Beobachtung
Wie verhält sich das Kind im Umgang mit feuchtem, glitschigem Material (Kleister, Fingerfarbe, Wasser etc.)?	Umgang mit feuchten, glitschigen Materialien	Die Wasserfahrt → S. 74			
Welche Schmerzempfind-lichkeit zeigt das Kind (kaum, normal, stark etc.)?	Schmerzempfinden				
Lässt das Kind differenzierten Körperkontakt zu (trösten, Kleiderwechsel, Berüh-rungen)?	Körperkontakt				

Bildungsbereich Musik & Rhythmik

Singen, tanzen, musizieren

Antonio Vivaldi: Der Frühling

Diese Tanzaktion eignet sich sehr gut für eine Aufführung bei einem Fest oder vor den Eltern.

Alter: ab 5 Jahren
Material: Musik (Vivaldi: „Der Frühling"), Kissen / Decken, Malsachen, verschiedenfarbige Chiffontücher, Schminke, Fotokamera
Beobachtungsschwerpunkte: Freude an Musik / Melodie / Gesang / Tanz, Umsetzung von Musik in Bewegung, Körperkontrolle beim Tanzen, Rhythmusgefühl

Vorbereitung
Die Spielleitung kopiert die Abbildung auf S. 92 einmal pro Kind.

Spielablauf
Die Spielleitung führt mit den Kindern im Stuhlkreis ein Gespräch über den Frühling: Was wächst im Frühling? Welche Tiere wachen wieder auf oder kommen aus dem Süden zurück? Welche Veränderungen finden in der Natur statt? Worüber freuen wir uns im Frühling? …
Die Spielleitung erzählt den Kindern die folgende kurze Geschichte:

„Vor vielen Jahren lebte einmal ein Komponist, der hieß Antonio Vivaldi. Dieser Komponist beobachtete auch all das, was ihr gerade aufgezählt habt. Antonio Vivaldi schaute eines Tages im Frühling aus dem Fenster und sah Kinder, die sich an den Händen hielten und über eine Wiese tanzten. Die Kinder freuten sich, dass die Sonne schien und es endlich Frühling wurde. Die Blumen wuchsen und öffneten langsam ihre Blüten. Antonio Vivaldi sah, dass die Vögel aus dem Süden zurückkamen und zwitschernd in den Bäumen saßen. Das Eis, das so lange die Flüsse und Seen bedeckt hatte, schmolz unter der Sonne und plätscherte lustig dahin.

Langsam zogen Gewitterwolken auf und es fing an zu donnern und zu blitzen. Doch das Gewitter verzog sich schnell, die Sonne kam heraus und die Vögel zwitscherten wieder. Antonio Vivaldi hat das im Frühling ganz genau beobachtet und ein Lied dazu geschrieben."

1. Schritt
Die Kinder hören das Stück zusammen an und legen sich dazu gemütlich auf Kissen und Decken. Finden sie die Bilder in der Musik wieder?
Das Lied wird zum zweiten Mal gespielt und die Kinder bewegen sich diesmal frei dazu durch den Raum. So bekommen sie ein Gefühl für die Musik und setzen sie nach ihrem eigenen spontanen Empfinden in Bewegung um.

2. Schritt
Die Spielleitung verteilt an jedes Kind eine Kopie, auf der die Struktur des Musikstücks in elf Teilen zu sehen ist. Jedem Teil lässt sich ein inhaltliches Motiv zuordnen:

1. **Teil: Hauptmotiv – tanzende Kinder auf der Wiese**
2. Teil: Vögel fliegen, Blumen wachsen
3. **Teil: Hauptmotiv**
4. Teil: Das Eis schmilzt, das Wasser plätschert
5. **Teil: Hauptmotiv**
6. Teil: Ein Gewitter zieht mit Donner und Blitz auf
7. **Teil: Hauptmotiv**
8. Teil: Vögel kommen nach dem Gewitter aus ihrem Versteck
9. **Teil: Hauptmotiv**
10. Teil: Vögel fliegen, Blumen wachsen
11. **Teil: Hauptmotiv**

Auf der Kopie ist das Hauptmotiv jeweils durch eine tanzende Kindergruppe dargestellt. Die Kinder sollen die leeren Felder mit eigenen Bildern füllen. Dazu wird ihnen das Stück in Abschnitten noch einmal vorgespielt und sie überlegen zusammen, was welcher Ab-

1.   2.   3.   4.   5.

6.   7.   8.   9.   10.   11.

schnitt in der Musik darstellen soll. Dementsprechend malen sie in die leeren Felder Vögel, Blumen usw.

Sollten die Kinder andere Assoziationen haben als oben aufgeführt, sollte die Spielleitung diese zulassen, da die Wahrnehmungen durchaus unterschiedlich sein können, deshalb aber nicht „falsch" oder „richtig" sind.

3. Schritt

Die Kinder bewegen sich noch einmal frei zur Musik. Hierbei können vielfältige Beobachtungen gemacht werden, z. B. ob sie das Thema Frühling in ihren Bewegungen aufgreifen (wie ein Vogel fliegen, mit dem Fuß aufstampfen beim Donner etc.), ob sie sich passend zu ihren eigenen Assoziationen bewegen oder ob sich kein Zusammenhang zwischen Bewegung und Musik feststellen lässt, ob es Kinder gibt, die die Bewegungen der anderen Kinder nachahmen, aufgreifen und weiterführen etc.

4. Schritt

Um den Frühlings-Tanz aufzuführen, werden klare Rollen verteilt: Wer spielt den Vogel, wer die Blume, den Blitz und den Donner, wer das Wasser?

Die Kinder werden mit den entsprechenden Chiffontüchern ausgestattet (blau für Wasser, gelb für den Blitz etc.) und können passend geschminkt werden (eine Blume, eine Wolke auf die Wange malen etc.).

Hauptmotiv: Alle Kinder halten sich an den Händen und tanzen jeweils links- oder rechtsherum im Kreis. Die Spielleitung kündigt alle Zwischenteile mit einem Stichwort an, der Kreis bleibt stehen und die jeweiligen Kinder kommen in die Kreismitte.

2. Teil: Die Vogel-Kinder laufen mit wehenden Tüchern durch den Kreis. Die Blumen-Kinder gehen in die Hocke und umschließen ihr zerknülltes Tuch mit beiden Händen. Langsam öffnen sie die Hände, sodass sich das Tuch wie eine Blüte öffnet. Dabei strecken sie sich langsam in die Höhe und führen die Arme nach oben.

4. Teil: Die Wasser-Kinder machen mit ihren blauen Tüchern langsame Wellenbewegungen über den Boden.

6. Teil: Die Blitz-Kinder machen mit ihren gelben Tüchern schnelle Zickzack-Bewegungen in der Luft. Die Donner-Kinder springen in die Luft und stampfen mit den Füßen auf.

8. Teil: Die Vogel-Kinder laufen wieder Tücherschwingend durch den Kreis.

10. Teil: → 2. Teil.

Am Schluss des Stücks bleibt der Kreis stehen. Alle Kinder gehen in die Hocke und machen sich ganz klein.

Hinweise:
- Bei dieser Aktion sollte ein Fotoapparat griffbereit liegen. Hier können schöne Fotos zur Ergänzung der Bildungsdokumentationen gemacht werden.
- Diese Aktion sollte als Projekt geplant und über mehrere Einheiten gezogen werden. Dabei können ergänzende Beschäftigungen mit Vivaldi einfließen, die Kinder malen Frühlingsbilder oder hören auch die drei weiteren Stücke „Sommer", „Herbst" und „Winter".

Indianer-Regenrhythmus

Alter: ab 5 Jahren
Material: Schminke, 1 Becher pro Kind, Mineralwasser
Beobachtungsschwerpunkte: Körperinstrumente, Rhythmusgefühl

Die Kinder bilden einen großen Sitzkreis. Die Spielleitung erzählt, dass sie jetzt alle Schwarzfußindianer sind, die hier in ihrem Indianerlager leben. Ein richtiger Indianerstamm bekommt natürlich auch eine Körperbemalung, die vom Häuptling (Spielleitung) persönlich aufgetragen wird.

Die Spielleitung erzählt die folgende Mitmachgeschichte:

„Wir sind der Stamm der Schwarzfußindianer und wir haben ein Problem: Es hat schon mehrere Wochen nicht mehr geregnet. Die Bäume bekommen langsam braune Blätter und wir haben furchtbaren Durst – uhuhuh (Indianerruf). *Wir müssen unbedingt etwas tun, deshalb berufen wir jetzt eine Versammlung ein. Wir schlagen mit den Handflächen auf unsere Oberschenkel und rufen damit unseren Stamm zusammen* (mit den Handflächen eine Weile rhythmisch auf die Oberschenkel schlagen).

Endlich sind wir alle beisammen. Wir sitzen in einem großen Versammlungskreis und beraten. Wir überlegen hin und überlegen her (Kopf hin und her kippen), *wie wir an genug Wasser für die Pflanzen, die Tiere und für alle Indianer kommen. Aber uns fällt einfach nichts ein* (Kinder machen: „uff, uff").

Da kommt ein Kind angerannt und flüstert dem Häuptling etwas ins Ohr (Kinder flüstern sich gegenseitig ins Ohr). *Der Häuptling* (Spielleitung) *springt auf und ruft:*

‚*Regen, wir brauchen Regen und unser Problem ist gelöst. Deshalb werden wir einen Regenrhythmus spielen. So haben es vor vielen Jahren auch unsere Vorfahren gemacht, und es hat schon immer geholfen.*' Schwarzfüße, wir wollen gleich beginnen: Wir schlagen zweimal mit den Handflächen auf den Boden und als dritten Schlag nehmen wir die Faust. Also: Hand, Hand, Faust, Hand, Hand, Faust … (alle schlagen eine Weile im gleichen Rhythmus)
Das war schon sehr gut, aber für einen richtigen Regenrhythmus müssen wir auch andere Körperteile zum Klingen bringen. Wir blähen dazu unsere Wangen auf und lassen durch einen Schlag mit der Handfläche erst die Luft aus der rechten und dann aus der linken Wange entweichen. Das machen wir gleich noch ein paar Mal" (Kinder ahmen die Bewegungen eine Weile rhythmisch nach).
So, das müsste reichen. Aber um ganz sicher zu gehen, dass es wirklich regnet, trommeln wir jetzt noch einen Rhythmus auf unsere Schultern: Wir klopfen mit der rechten Handfläche dreimal auf unsere linke Schulter und dann mit der linken Hand dreimal auf unsere rechte Schulter (Bewegungen eine Weile rhythmisch nachahmen). *Jetzt klopfen wir noch zweimal mit der linken Faust*

auf das rechte Knie und mit der rechten Faust auf das linke Knie (Bewegungen eine Weile rhythmisch nachahmen). *Nun klatschen wir zum Schluss alle einmal laut zusammen in die Hände* (klatschen) – *und zu Ende ist der Regenrhythmus!*
Das muss einfach geholfen haben. Wir richten den Blick nach oben zum Himmel und – uhuhuhuhu (Indianerruf) – *dunkle Wolken haben sich zusammengezogen! Es fängt an zu regnen. Jetzt werden die Pflanzen wieder grün und Tiere und Menschen haben genug zu trinken. Wir sind nun sehr erschöpft von unserem Regenrhythmus und haben uns einen großen Schluck sauberes, klares Wasser verdient. Schnell in unsere Tipis, hier draußen ist es uns viel zu nass!*"

Zum Abschluss bekommen alle Kinder einen Becher Wasser zu trinken.
Hinweis: Die verschiedenen Regenrhythmen werden je nach Erfahrungsschatz und Rhythmussicherheit der Kinder mehrmals wiederholt und ausgedehnt, damit sie Zeit bekommen, in den Rhythmus einzusteigen.

In China

Eine Geschichte, die auf lustige, kreative Weise das Rhythmusgefühl der Kinder anspricht. In einer Kleingruppe angeleitet lassen sich hier vielfältige Beobachtungssituationen schaffen.

Alter: ab 5 Jahren
Anzahl: max. 8 Kinder
Material: 1 Paar chinesische Essstäbchen pro Kind, Bananen- und Apfelstücke, Untertasse, Turnbank
Beobachtungsschwerpunkte: Tonhöhe / Lautstärke / Tempo, Silben klatschen, Rhythmusgefühl

Die Spielleitung legt die Stäbchen und die Obststücke auf einer Untertasse bereit und setzt sich mit den Kindern im Kreis neben die Turnbank. Die Spielleitung erzählt:

„Wir werden heute eine weite Reise nach China machen. In China wohnt unsere Freundin Ping, die wir besuchen möchten. *Wir packen unseren Koffer und steigen ins Flugzeug ein* (hintereinander auf die Turnbank setzen). *Wir fliegen nach oben, nach unten, nach links und nach rechts, viele Stunden lang* (mit ausgebreiteten Armen Flugbewegungen nachahmen). *Endlich sind wir da und steigen aus* (seitlich vor die Bank stellen).
Unsere Freundin Ping holt uns vom Flughafen ab. *Wir begrüßen sie auf die chinesische Art* (Handflächen zusammenlegen und verbeugen). *Ping fährt mit uns zu einem chinesischen Restaurant, denn wir sind nach dem langen Flug sehr hungrig. Dort angekommen setzen wir uns an*

einen Tisch (seitlich vor die Turnbank). *Ein Kellner kommt und möchte die Bestellung aufnehmen. Er erzählt uns, dass heute eine Musikgruppe die Leute während des Essens unterhalten sollte. Leider sind die Musiker krank geworden und können nicht kommen. Jetzt sind die Gäste enttäuscht, denn sie hätten gerne Musik zum Essen gehabt. Wir überlegen, wie wir helfen können, und uns fällt auch sofort was ein: Wir werden selbst Musik machen! Wir haben zwar keine Instrumente, aber in einem chinesischen Restaurant gibt es statt Messer und Gabel Essstäbchen, die wir als Instrumente benutzen können. Der Kellner geht sofort in die Küche und bringt für jeden ein Paar Stäbchen.*
Wir probieren unsere Stäbchen erst mal aus und spielen uns warm (in jeder Hand ein Stäbchen halten und damit auf die Bank schlagen, leiser, lauter, schneller, langsamer, gleichzeitig, abwechselnd …). *Jetzt wünschen wir allen Gästen einen guten Appetit. Wir klopfen mit den Stäbchen:*

> **,Fiet, fiet, fiet, gu**ten **Appetit!**
> **Je**der **es**se, **was** er **kann,**
> **nur** nicht **sei**nen **Ne**ben**mann.**
> **Und,** wir **neh**men's **ganz** ge**nau,**
> **auch** nicht **sei**ne **Ne**ben**frau.**
> **Fiet, fiet, fiet, gu**ten **App**e**tit.'**

Die Gäste bekommen Nudeln. Wir legen eine Hand auf den Rücken und klopfen mit einem Stäbchen auf den Tisch:

,**Nu**deln **es**sen, **Nu**deln **es**sen, **Nu**deln **es**sen …' *Dann wechseln wir die Hand und rufen:*

,**Noch** mehr **Nu**deln, **noch** mehr **Nu**deln, **noch** mehr **Nu**deln …'

Zu den Nudeln gibt es Gemüse. Wir machen eine Faust um die Mitte der Stäbchen und klopfen abwechselnd mit der Spitze und dem Ende der Stäbchen auf den Tisch. Dazu rufen wir:

,**Mmmh** – Ge**mü**se, **mmmh** – Ge**mü**se, **mmmh** – Ge**mü**se …' *(bei „mmmh" mit der Spitze klopfen und bei „Ge**mü**se" mit dem Ende)*

Wir bemerken, dass viele Gäste schmatzen. Wir nehmen die Stäbchen wieder am Ende in die Hand und klopfen damit auf den Boden. Wir flüstern:

,**Lei**se **es**sen, **lei**se **es**sen, **lei**se **es**sen …'

Die Gäste haben sich inzwischen satt gegessen. Wir überkreuzen unsere Hände und klopfen mit beiden Stäbchen parallel auf den Tisch:

,**Satt** seid **ihr**, **satt** seid **ihr**, **satt** seid **ihr** …' *Dann halten wir die Hände wieder parallel und wiederholen den Satz. Die Gäste sind von unserer Darbietung begeistert und applaudieren. Wir bedanken uns natürlich würdevoll auf die chinesische Art* (Handflächen zusammenlegen, Verbeugung). *Doch eine kleine Bitte hätten wir noch an den Kellner: Jetzt würden wir auch gerne etwas essen! Sofort bringt uns der Kellner etwas an den Tisch* (Bananen- und Apfelstücke). *Natürlich essen wir auf die chinesische Art* (Kinder versuchen das Obst mit den Stäbchen zu essen)!

Es war ein schöner und aufregender Tag, aber jetzt müssen wir nach Hause. Wir verabschieden uns von Ping, den Gästen und dem Kellner (Verbeugung) *und fliegen wieder nach Hause* (Kinder setzen sich auf die Turnbank und „fliegen" nach Hause)."

Hinweise:
- Die fett hervorgehobenen Silben zeigen die Rhythmusbetonungen an.
- Die verschiedenen Rhythmen werden je nach Erfahrungsschatz und Rhythmussicherheit der Kinder mehrmals wiederholt und ausgedehnt, damit sie Zeit bekommen, in den Rhythmus einzusteigen.

Montag gibt es Möhren

Bei diesem bekannten Sprechrhythmus schulen die Kinder auf humorvolle Weise ihr Rhythmusgefühl.

Alter: ab 4 Jahren
Beobachtungsschwerpunkte: Freude an Musik / Melodie / Gesang / Tanz, Nachsingen einer bekannten Melodie, Körperinstrumente, Rhythmusgefühl

Die Kinder sitzen mit der Spielleitung im Kreis auf dem Boden. Der Rhythmus des Sprechgesangs wird wie bei dem Lied „We will rock you" von Queen geklatscht: zweimal auf den Boden, einmal in die Hände, Pause.

1. *Hallo liebe Kinder, ihr wisst es ja, gesundes Essen, das macht stark: Montag gibt es Möhren, Möhren.*

2. *Hallo liebe Kinder, ihr wisst es ja, gesundes Essen, das macht stark: Dienstag gibt es Erbsen, Erbsen.*

3. *… Mittwoch gibt es Gurken, Gurken.*

4. *… Donnerstag gibt's Grünkohl, Grünkohl.*

5. *… Freitag gibt es Thunfisch, Thunfisch.*

6. *… Samstag gibt es Äpfel, Äpfel.*

7. *Hallo liebe Eltern, das ist klar, heute ist ein Kindertag: Sonntag gibt es Pommes, Pommes!*

Hinweis: Gleichzeitiges Singen und Klatschen setzt eine gewisse Übung und Geschicklichkeit voraus. Es gibt verschiedene Möglichkeiten, dies zu üben:
- Der Rhythmus wird zu Beginn vereinfacht, z. B. klatschen die Kinder dreimal nur auf den Boden oder nur in die Hände.
- Nur die Hälfte der Kinder übernimmt den Sprechgesang und die andere Hälfte klatscht den Rhythmus. Danach wird gewechselt.
- Die Kinder gehen – ohne Text – langsam im Kreis herum. Sie klatschen dabei zweimal auf die Oberschenkel und einmal in die Hände. Auf den ersten Klatscher auf die Oberschenkel kommt jeweils ein Schritt. So können sie den Rhythmus durch die Bewegung mit dem ganzen Körper vertiefen.

Zehn Indianer

Dieses bekannte Lied eignet sich aufgrund des Wechselgesangs gut dazu, Kindern einen Melodieverlauf zu vermitteln.

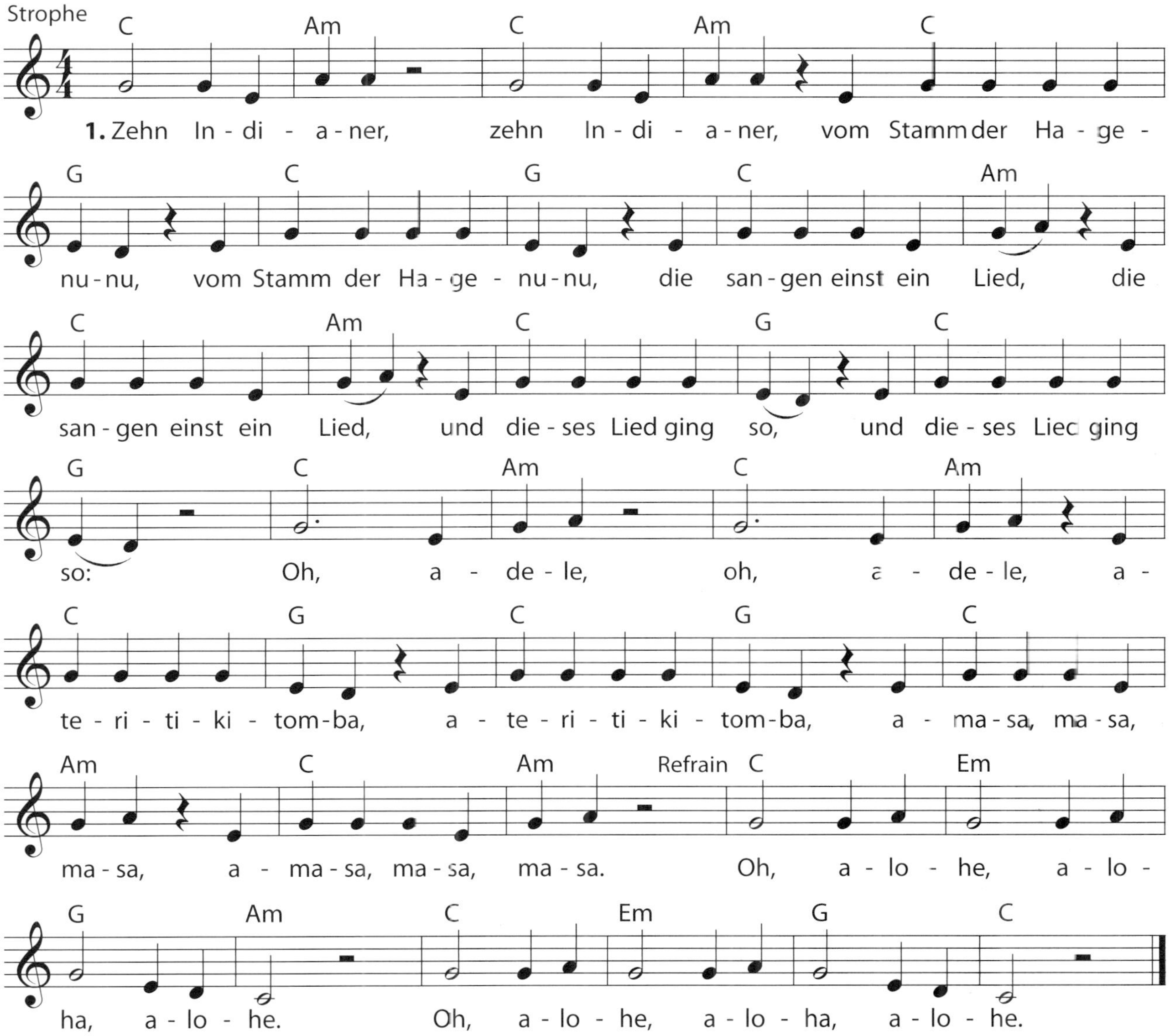
Strophe
C Am C Am C
1. Zehn In - di - a - ner, zehn In - di - a - ner, vom Stamm der Ha - ge -
G C G C Am
nu - nu, vom Stamm der Ha - ge - nu - nu, die san - gen einst ein Lied, die
C Am C G C
san - gen einst ein Lied, und die - ses Lied ging so, und die - ses Lied ging
G C Am C Am
so: Oh, a - de - le, oh, a - de - le, a -
C G C G C
te - ri - ti - ki - tom - ba, a - te - ri - ti - ki - tom - ba, a - ma - sa, ma - sa,
Am C Am Refrain C Em
ma - sa, a - ma - sa, ma - sa, ma - sa. Oh, a - lo - he, a - lo -
G Am C Em G C
ha, a - lo - he. Oh, a - lo - he, a - lo - ha, a - lo - he.

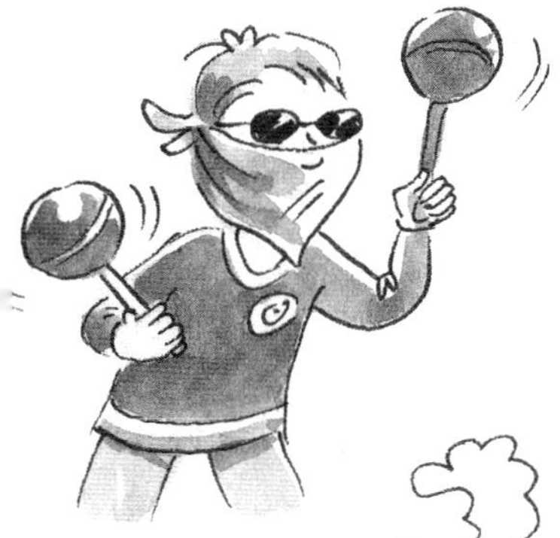

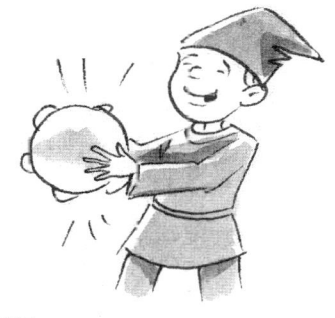

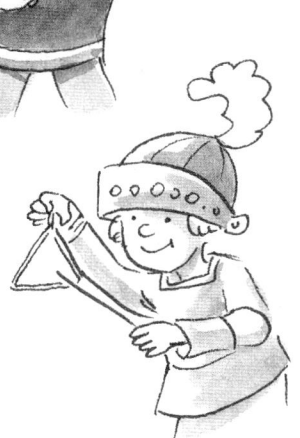

__2.__ Zehn große Räuber,
die wohnten tief im Walde,
die sangen einst ein Lied …

__3.__ Zehn starke Ritter,
die trugen eine Rüstung …

__4.__ Zehn kleine Hexen,
flogen schnell zum Blocksberg …

__5.__ Zehn schlaue Zwerge,
die tanzten um ein Feuer …

__6.__ Kindergartenkinder,
die singen gerne Lieder,
jetzt hört mal alle zu,
denn dieses Lied geht so: …

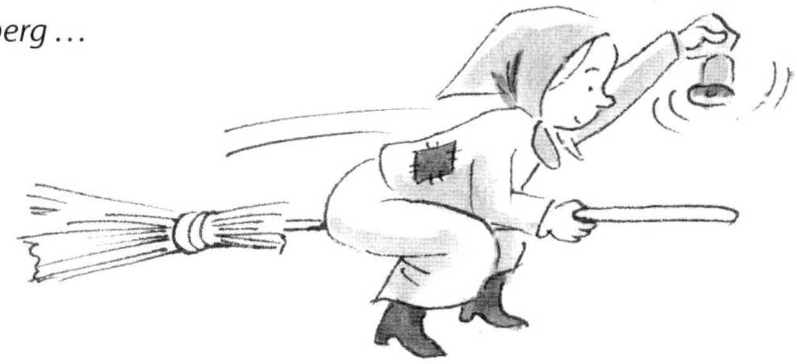

Alter: ab 4 Jahren
Material: Rhythmus-Instrumente (Klangstäbe, Rasseln, Trommeln …)
Beobachtungsschwerpunkte: Freude an Musik / Melodie / Gesang / Tanz, Nachsingen einer bekannten Melodie, Instrumente, Tonhöhe / Lautstärke / Tempo

Die Spielleitung singt jede neue Textzeile allein vor und die Kinder wiederholen sie im Chor.
Haben die Kinder das Lied gelernt, nehmen sie Rhythmus-Instrumente dazu, mit denen sie bereits vertraut sind. Singt die Spielleitung ihre Zeilen vor, hören sie nur zu. Bei der Wiederholung begleiten sie ihren eigenen Gesang mit den Instrumenten.
Sind die Kinder sicher in Text und Melodie, kann ein Kind den Part der Spielleitung übernehmen und vorsingen. Hier lassen sich wertvolle Beobachtungssituationen herbeiführen.

Varianten

- Das Lied kann beliebig erweitert und an unterschiedliche Themen angepasst werden. Der Refrain kann ebenfalls verändert werden, sodass unterschiedlich Laute und Lautkombinationen von den Kindern geübt werden, z. B. „sch", „st", „r", „k" etc. Der Refrain ist somit eine gute Übung zur Sprachförderung. Beispiel:
  „Oh, Radieschen,
  a trippel, trippel, tripp, trapp,
  a huckel, huckel, hick, hack,
  oh, schubbi hier, schubbi da, schubbi dum."
- Bevor das Lied gesungen wird, ertönt der Schlachtruf der Hagenunu-Indianer. Durch den Schlachtruf werden alle Indianer-Kinder zusammengerufen und auf das gemeinsame Singen eingestimmt. Ebenso ertönt der Schlachtruf, wenn das gemeinsame Singen beendet ist, als Zeichen für die Auflösung der Zusammenkunft:

Ha-ge-nu-nu,   ha-ge-nu-nu,   ha-ge-nu-nu he!   Ha-ge-nu-nu he!

Wir machen Quatsch

Ein rhythmisches Sprechspiel, das sich gut im Stuhlkreis oder zur Auflockerung zwischendurch einsetzen lässt.

Alter: ab 4 Jahren
Beobachtungsschwerpunkte: Körperinstrumente, Rhythmusgefühl

Die Spielleitung spricht den Text gemeinsam mit den Kindern im Stuhlkreis und alle klatschen den Rhythmus auf den Oberschenkeln mit. Die zu betonenden Silben sind fett hervorgehoben.
Am Ende jeder Strophe sagt die Spielleitung einen Körperteil an, dessen Position verändert wird, und damit geht's in die nächste Runde. Die zweite, dritte und vierte Veränderung ersetzt jeweils nicht die vorige, sondern wird zusätzlich umgesetzt! Je nach Ausdauer der Kinder – und der Spielleitung! – können beliebige Körperteile ergänzt und einbezogen werden …

*Wir **ma**chen **al**le **ge**rne **Quatsch**,*
*die **gan**ze **Wo**che, **je**den **Tag**.*
***Mon**tag, **Diens**tag, **Mitt**woch, **Don**nerstag,*
***Frei**tag, **Sams**tag, **Son**ntag.*
einen Fuß hochheben

*Wir **ma**chen **al**le **ge**rne **Quatsch**,*
*die **gan**ze **Wo**che, **je**den **Tag**.*
***Mon**tag, **Diens**tag, **Mitt**woch, **Don**nerstag,*
***Frei**tag, **Sams**tag, **Son**ntag.*
rechte Hand auf die linke Schulter legen

*Wir **ma**chen **al**le **ge**rne **Quatsch** …*
Kopf auf eine Schulter legen

*Wir **ma**chen **al**le **ge**rne **Quatsch** …*
Schulter hochziehen

***Stopp**, ge**nug**, es **reicht** und **Schluss**,*
*wir **hö**ren **auf** und **ru**hen **aus**.*
Arme vor der Brust überkreuzen

Peer Gynt: Der Bergkönig

Diese Aktion wird entweder in eine Bewegungsstunde eingebaut oder kann separat im Bewegungsraum eingesetzt werden. Das Stück „In der Halle des Bergkönigs" eignet sich wegen der fantastischen Geschichte und der klaren musikalischen Umsetzung sehr gut für einen Einstieg in klassische Musik und die Umsetzung in Bewegung und Tanz.

Alter: ab 4 Jahren
Material: 4 Stühle mit hoher Lehne oder 2 Turnkästen, Schwungtuch, Musik (Peer Gynt: „In der Halle des Bergkönigs"); evtl. Orff-Instrumente
Beobachtungsschwerpunkte: Freude an Musik / Melodie / Gesang / Tanz, Tonhöhe / Lautstärke / Tempo, Umsetzung von Musik in Bewegung, Körperkontrolle beim Tanzen

Vorbereitung

Im Bewegungsraum werden in einer Ecke die vier Stühle im Quadrat mit den Lehnen zueinander in einem Abstand von ca. 2 m aufgestellt. Darüber wird das Schwungtuch ausgebreitet, sodass eine Höhle entsteht.
In der Turnhalle kann das Tuch alternativ über zwei Turnkästen o. Ä. ausgebreitet werden.

Spielablauf

Die Spielleitung erzählt den Kindern folgende Geschichte:

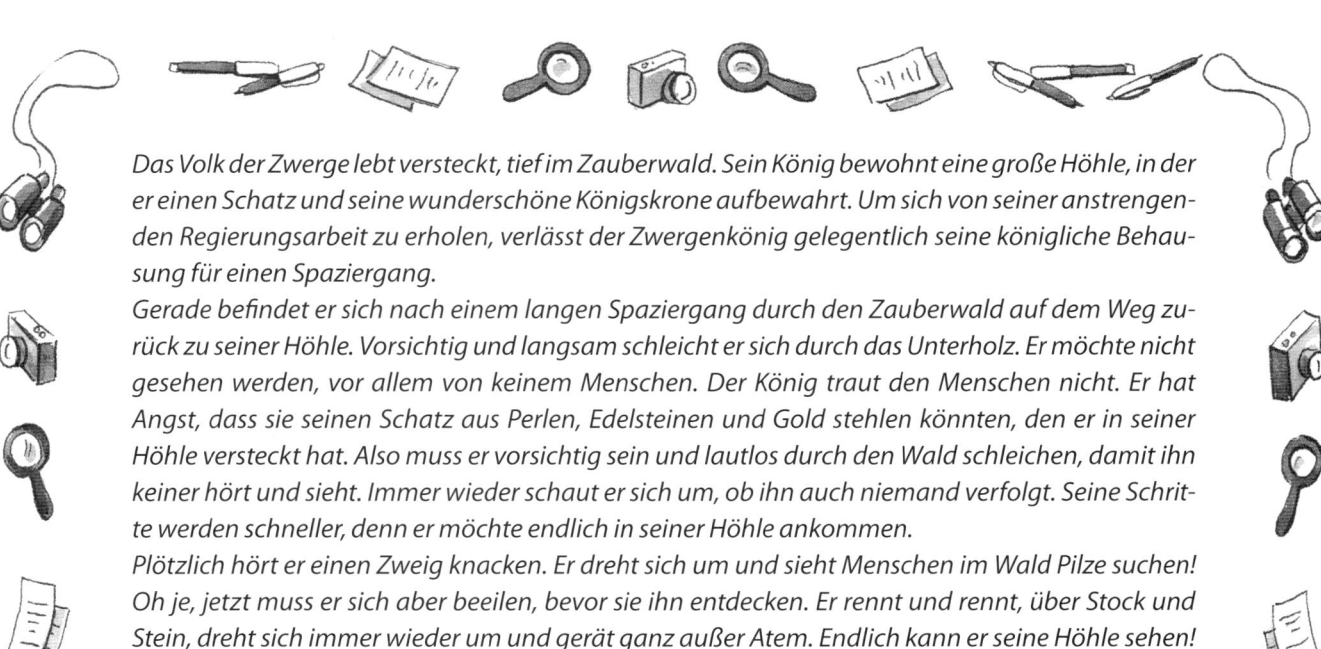

Das Volk der Zwerge lebt versteckt, tief im Zauberwald. Sein König bewohnt eine große Höhle, in der er einen Schatz und seine wunderschöne Königskrone aufbewahrt. Um sich von seiner anstrengenden Regierungsarbeit zu erholen, verlässt der Zwergenkönig gelegentlich seine königliche Behausung für einen Spaziergang.

Gerade befindet er sich nach einem langen Spaziergang durch den Zauberwald auf dem Weg zurück zu seiner Höhle. Vorsichtig und langsam schleicht er sich durch das Unterholz. Er möchte nicht gesehen werden, vor allem von keinem Menschen. Der König traut den Menschen nicht. Er hat Angst, dass sie seinen Schatz aus Perlen, Edelsteinen und Gold stehlen könnten, den er in seiner Höhle versteckt hat. Also muss er vorsichtig sein und lautlos durch den Wald schleichen, damit ihn keiner hört und sieht. Immer wieder schaut er sich um, ob ihn auch niemand verfolgt. Seine Schritte werden schneller, denn er möchte endlich in seiner Höhle ankommen.

Plötzlich hört er einen Zweig knacken. Er dreht sich um und sieht Menschen im Wald Pilze suchen! Oh je, jetzt muss er sich aber beeilen, bevor sie ihn entdecken. Er rennt und rennt, über Stock und Stein, dreht sich immer wieder um und gerät ganz außer Atem. Endlich kann er seine Höhle sehen! Ein letzter großer Schritt, ein kleiner Sprung – und er ist in seinem dunklen Zuhause. Glück gehabt – niemand hat ihn gesehen! Der König holt sofort sein großes Putztuch hervor. Er geht seiner Lieblingsbeschäftigung nach und beginnt jeden einzelnen Edelstein blank zu reiben. Bei dieser Tätigkeit kann er sich am besten von dem aufregenden Spaziergang erholen.

Die Spielleitung spielt den Kindern das Stück von Peer Gynt vor. Die Kinder stellen den Zusammenhang zwischen der Geschichte und der Melodie her, indem sie den Zwergenkönig auf seinem Spaziergang nachahmen und sich zur Musik durch den Raum bewegen: Erst schleichen sie langsam und leise. Sobald die Musik lauter und schneller wird, bewegen sich auch die Kinder schneller. Hat die Melodie in Lautstärke und Tempo ihren Höhepunkt erreicht, rennen die Kinder durch den Raum.

Am Ende des Stücks verstecken sich alle in der Höhle. Dort kommen sie zur Ruhe und entspannen sich zum letzten Teil der Musik.

Variante

Zusammen mit der Spielleitung überlegen die Kinder, wie die Geschichte weitergehen könnte. Vielleicht ist dem Zwergenkönig die Höhle als Aufbewahrungsort für seinen Schatz zu unsicher geworden und er möchte ihn an einen anderen Ort bringen? Oder er geht erneut im Wald spazieren und trifft …?

Die Kinder setzen die weitergeführte Geschichte mit Orff- und Körper-Instrumenten um: Eine Hälfte der Kinder spielt die Geschichte pantomimisch-tänzerisch nach, während sie von der anderen Hälfte auf den Instrumenten begleitet wird. Am Ende wird gewechselt.

Meine Eltern sind die Besten

Dieses Lied eignet sich für eine Aufführung vor Eltern oder bei besonderen Anlässen wie z. B. dem Mutter- oder Vatertag.

1. Mei - ne Ma - ma ist die Bes - te auf der Welt. Kau - fen
kann man sie nicht, auch nicht für viel Geld. Sie ist sel - ten, ja, sehr rar, und das
find' ich wun - der - bar. Mei - ne Ma - ma ist die Bes - te auf der Welt.

2. *Meine Mama ist die Beste auf der Welt.*
Kaufen kann man sie nicht, auch nicht für viel Geld.
Ja, ich lieb' sie wirklich sehr
und ich geb' sie niemals her.
Meine Mama ist die Beste auf der Welt.

3. *… In der allergrößten Not*
schmiert sie mir ein Butterbrot …

4. *… Bin ich schmutzig und verklebt,*
reinigt sie mich, wie ihr seht …

5. *… Meine Mama liest mir vor*
und sie steht auch gern im Tor …

6. *… Ja, sie nimmt mich in den Arm*
und hält mich dabei schön warm …

7. *… Mama liebt mich, wie ich bin,*
sie ist wirklich ein Gewinn …

8. *… Hat sie Stress und viel Verdruss,*
geb' ich ihr schnell einen Kuss …

Alter: ab 4 Jahren

Material: evtl. Klangstäbe

Beobachtungsschwerpunkte: Freude an Musik / Melodie / Gesang / Tanz, Nachsingen einer bekannten Melodie, Instrumente

Das Lied wird im Stuhlkreis angeleitet und gemeinsam gesungen.

Wird es den Eltern vorgeführt, laufen die Kinder bei der letzten Strophe zu ihrem Elternteil und geben ihm einen Kuss.

Varianten

- Das Lied wird für die Väter gesungen:
  Ja, mein Papa ist der Beste auf der Welt.
  Kaufen kann man ihn nicht, auch nicht für viel Geld.
  Er ist selten, ja, sehr rar, und das find' ich wunderbar.
  Ja, mein Papa ist der Beste auf der Welt.
- Das Lied wird für beide Eltern gesungen:
  Meine Eltern sind die Besten auf der Welt.
  Kaufen kann man sie nicht, auch nicht für viel Geld.
  Sie sind selten, ja, sehr rar, und das find' ich wunderbar.
  Meine Eltern sind die Besten auf der Welt.
- Die Kinder singen abwechselnd eine Strophe für die Mütter und die nächste für die Väter.
- Die Kinder begleiten sich mit Klangstäben: Bei der Zeile „***Mei**ne **Ma**ma **ist** der **Bes**te **auf** der **Welt**. **Kau**fen **kann** man **sie** nicht, **auch** nicht **für** viel **Geld**.*" setzen sie auf die fett hervorgehobenen Silben jeweils einen Schlag.

Weitere Musik- & Rhythmik-Spielanlässe

- Lieder als strukturgebende Rituale in den Tagesablauf einbinden, z. B. zum Beginn oder Abschluss des Tages, zum Essen, zu wiederkehrenden Aktionen …;
- Lieder in Alltagssituation einbringen: beim Aufräumen, Spazierengehen etc.;
- Orff- und Rhythmusinstrumente anbieten;
- einfache Instrumente selbst bauen;
- mit Körper-Instrumenten experimentieren;
- Klangeschichten anleiten;
- Namen in Silben klatschen;
- einfache Tanzchoreografien anbieten und selbst entwickeln …

Kindgerechte klassische Musikstücke

- Die Moldau / Smetana
- Karneval der Tiere / Saint-Saens
- Elephant walk – Elefanten-Spaziergang / Mancini
- Der rosarote Panther / Mancini
- Hummelflug / Rimski-Korsakow
- Peter und der Wolf / Prokofjew
- Nussknacker / Tschaikowsky
- Sleigh Ride – Schlittenfahrt mit dem Pferdeschlitten / Anderson
- Die Schlittschuhläufer / Waldteufel

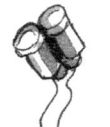

Dokumentationstabelle Musik & Rhythmik

Name & Alter der Kinder: 1. _____ 2. _____ 3. _____ 4. _____

Frage	Beobachtungs-schwerpunkt	Spielanlass	Name	Datum	Beobachtung
Zeigt das Kind Freude an Musik (hört es sie gern, bewegt es sich gern dazu, singt/summt es mit etc.)?	Freude an Musik/ Melodie/Gesang/ Tanz	Antonio Vivaldi: Der Frühling → S. 91 Montag gibt es Möhren → S. 96 Zehn Indianer → S. 97 Peer Gynt: Der Bergkönig → S. 99 Meine Eltern sind die Besten → S. 101			
Kann das Kind eine bekannte Melodie gut nachsingen?	Nachsingen einer bekannten Melodie	Montag gibt es Möhren → S. 96 Zehn Indianer → S. 97 Meine Eltern sind die Besten → S. 101			
Kann das Kind altersentspre-chend mit verschiedenen ein-fachen (Orff-)Instrumenten umgehen (Gebrauch, Laut-stärke, Name des Instru-ments)?	Instrumente	Zehn Indianer → S. 97 Meine Eltern sind die Besten → S. 101			

Frage	Beobachtungs-schwerpunkt	Spielanlass	Name	Datum	Beobachtung
Kann das Kind verschiedene musikalische Parameter wie laut – leise, hoch – tief, schnell – langsam unterscheiden und nachahmen?	Tonhöhe/Lautstärke/ Tempo	In China → S. 95 Zehn Indianer → S. 97 Peer Gynt: Der Bergkönig → S. 99			
Kann das Kind Körperinstrumente einsetzen (klatschen, auf die Oberschenkel trommeln etc.)?	Körperinstrumente	Indianer-Regenrhythmus → S. 93 Montag gibt es Möhren → S. 96 Wir machen Quatsch → S. 99			
Kann das Kind Musik in Bewegung umsetzen?	Umsetzung von Musik in Bewegung	Antonio Vivaldi: Der Frühling → S. 91 Peer Gynt: Der Bergkönig → S. 99			
Zeigt das Kind eine gute Körperkontrolle beim Tanzen?	Körperkontrolle beim Tanzen	Antonio Vivaldi: Der Frühling → S. 91 Peer Gynt: Der Bergkönig → S. 99			

Frage	Beobachtungs-schwerpunkt	Spielanlass	Name	Datum	Beobachtung
Kann das Kind zwei- und dreisilbige Wörter in Silben unterteilt nachklatschen?	Silben klatschen	In China → S. 95			
Hat das Kind ein ausgeprägtes Rhythmusgefühl?	Rhythmusgefühl	Antonio Vivaldi: Der Frühling → S. 91 Indianer-Regenrhythmus → S. 93 In China → S. 95 Montag gibt es Möhren → S. 96 Wir machen Quatsch → S. 99			

Bildungsbereich Sozial- & Spielverhalten

Freunde, Regeln & Gefühle

Der frohe Floh

Ein lustiges Spiel, das eine positive Energie und Stimmung vermittelt.

Alter: ab 3 Jahren

Beobachtungsschwerpunkte: Emotionale Reife, Kontaktaufnahme mit Gleichaltrigen, Wohlbefinden in Spielsituationen, Engagiertheit beim Spiel

Das Spiel wird im Stuhlkreis angeleitet: Die Spielleitung und die Kinder sprechen gemeinsam den Text und machen die passenden Bewegungen dazu.

Hoppla, wer versteckt sich da?	
Das ist der Floh Karl-Ottoka!	Zeigefinger kommt als „Floh" hinter dem Rücken hervor
Guten Tag, ich bin der Floh,	Zeigefinger verbeugt sich
ich bin heute wirklich froh.	
Ich bin so glücklich, lache viel,	
ja, die Freude ist mein Ziel.	lächeln und mit dem Zeigefinger auf und ab hüpfen
Das zeige ich euch gerne so,	
denn ich bin ein froher Floh.	
Vor Freude spring' ich durch das Loch:	aus Zeigefinger und Daumen ein Loch formen
Hallo, seht ihr mich denn noch?	mit dem Zeigefinger hindurchspringen
Ich bring' die Freude auch zu dir,	
denn ich bin ein verrücktes Tier.	
Ich spring' dich an und kitzel dich	Nachbarkind kitzeln
bis du laut lachst, dann lach' auch ich!	
Froh sein sollst du jeden Tag,	
denn das Frohsein, das macht stark.	Muskeln zeigen
Genieß die Zeit und mach es gut,	
zum Abschied schwenk ich meinen Hut!	winken; Zeigefinger springt hinter den Rücken

Hinweis: Sind die Kinder textsicher, können sie in Kleingruppen die Strophen abwechselnd alleine sprechen. Wer traut sich, eine Strophe ganz allein aufzusagen?

Die Wutregeln

Eine Geschichte, deren Inhalt die Lebenswelt der Kinder betrifft. In einer Kleingruppe angeleitet entstehen hier viele Beobachtungssituationen im Bereich Sozialverhalten.

Alter: ab 5 Jahren
Anzahl: max. 8 Kinder
Material: Bauklötze, Schreib- und Malstifte, DIN-A2-Tonkarton
Beobachtungsschwerpunkte: Charakteristisches Verhalten, Emotionale Reife, Konfliktsituationen, Frustrationstoleranz, Regelverhalten, Wohlbefinden in Spielsituationen, Engagiertheit beim Spiel, Eigene Spielideen

Die Spielleitung baut gemeinsam mit den Kindern einen Turm aus Bauklötzen. Sie hält sich dabei weitgehend aus dem Geschehen heraus und beobachtet das Zusammenspiel der Kinder. Ergeben sich Konfliktsituationen, übernimmt ein Kind die Führung, helfen sich die Kinder gegenseitig?
Die Spielleitung greift die Situationen auf und bespricht mit den Kindern Konfliktsituationen, die beim Spiel entstehen können. Dazu erzählt sie die folgende Geschichte.

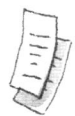

Leon ist wütend. Er ist so wütend, dass er das Gefühl hat, er müsste gleich platzen. Vor lauter Wut tritt er gegen den Mülleimer. Der fällt krachend um und der Inhalt verteilt sich auf den Fliesen im Gruppenraum. Leon dreht sich um und will aus dem Raum laufen. Ein anderer Junge, Jona, steht vor der Gruppentür. Leon schubst ihn grob zur Seite und schlägt die Tür hinter sich zu. Er hört, wie Jona drinnen anfängt zu weinen. Die Erzieherin, Claudia, steigt schimpfend über den Müll am Boden, um Jona zu trösten.

Leon steht im Flur und fühlt sich immer noch schlecht. Seine Wut ist nicht verflogen, sondern immer noch da. Außerdem hat er jetzt auch noch ein schlechtes Gewissen, weil er hört, wie Jona weint und weil drinnen der ganze Müll auf dem Boden liegt. Dabei haben Jona und der Mülleimer eigentlich gar nichts mit seiner Wut zu tun. Er ist wütend auf seinen Turm in der Bauecke. Immer und immer wieder hat er vorhin versucht die Spitze des Turms zu Ende zu bauen. Aber immer und immer wieder ist die Spitze in sich zusammengefallen. Schließlich ist auch noch der ganze Turm eingestürzt und Leon hat in einem großen Berg aus Klötzen gestanden. Claudia, seine Erzieherin, hat vom Frühstückstisch aus gerufen: „Wenn dir der Turm umgefallen ist, musst du ihn wieder aufräumen." Das war zu viel für Leon. Da hat er so lange an diesem Turm gearbeitet und nun sollte er auch noch alles aufräumen! „Was ist das heute für ein fürchterlicher Tag", denkt Leon. Er stampft wütend in den Waschraum und setzt sich auf einen Toilettendeckel.

Kurze Zeit später klopft es an der Tür und er hört Claudias Stimme: „Leon, ich weiß, dass du sehr wütend bist, aber deshalb darfst du keine Kinder schubsen oder Mülleimer umtreten. Ich möchte jetzt, dass du da rauskommst und mit mir in die Gruppe zurückgehst." – „Geh weg!" schreit Leon. „Ihr seid alle doof." – „Leon", sagt Claudia, „keiner von uns ist doof. Ich gehe jetzt mit dir zusammen in die Gruppe. Wir gehen zu Jona und du entschuldigst dich bei ihm. Anschließend räumst du den Müll und die Klötze wieder auf. Ich helfe dir auch beim Aufräumen. Wenn wir dann alles aufgeräumt ha-

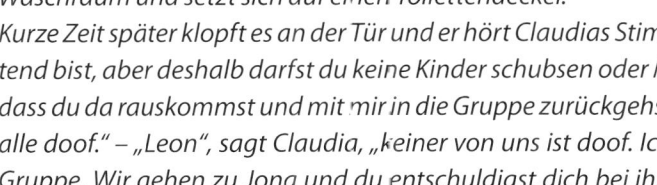
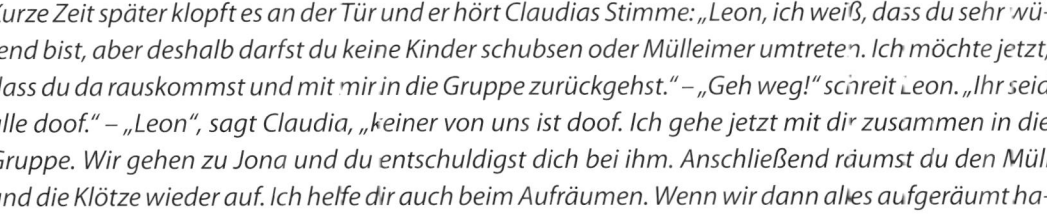

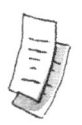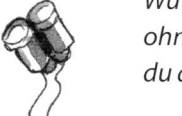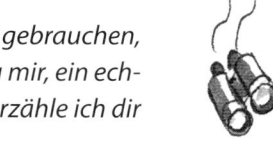

ben, möchte ich dir ein Geheimnis verraten. Für Geheimnisse ist die Wut aber nicht zu gebrauchen, dafür brauche ich einen Leon ohne Wut." Leon horcht auf. „Ein Geheimnis erzählst du mir, ein echtes Geheimnis?" fragt er zögernd. „Zuerst gehen wir in die Gruppe zurück und dann erzähle ich dir ein Geheimnis", antwortet Claudia lächelnd.

Leon macht die Tür auf und geht mit Claudia zusammen in die Gruppe zurück. Mit unsicherem Blick steht Leon vor Jona, gibt ihm die Hand und murmelt eine Entschuldigung. Leon tut es wirklich leid, dass er Jona geschubst hat. „Wenn du willst, können wir nachher zusammen mit dem Kaufladen spielen, und du darfst bestimmen, wer Verkäufer ist – ok.?" Jona überlegt kurz und nickt dann. Leon ist erleichtert. Dann räumt er mit Hilfe von Claudia die Klötze und den Müll wieder auf. „Sehr gut hast du das gemacht", sagt Claudia. „Und jetzt kommt das Geheimnis." Sie nimmt Leon bei der Hand und führt ihn in den Nebenraum. Leon setzt sich auf ein Kissen und sieht Claudia neugierig an. Sie holt ein großes Plakat aus dem Schrank, rollt es auf und befestigt es mit Klebeband an der Wand. „Was ist das?" fragt Leon erstaunt. „Das ist das Geheimnis, wie wir unsere Wut besiegen können. Das sind die Wutregeln." – „Davon hab ich noch nie gehört", sagt Leon. „Weißt du", sagt Claudia, „jeder ist mal wütend, aber deshalb muss man keine Dinge kaputt machen oder anderen Kindern wehtun." – „Die Wut ist ganz schön doof", sagt Leon. Claudia nickt: „Ja, aber wir können unsere Wut besiegen, und zwar mit den Wutregeln. Du wirst merken, dass du deine Wut besiegen kannst, ohne etwas zu zerstören oder einem anderen weh zu tun. Schau dir mal das Plakat an. Da kannst du alle Wutregeln sehen." Leon schaut gespannt auf das Plakat …

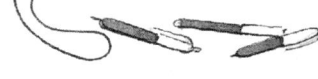

Die Kinder überlegen gemeinsam mit der Spielleitung, welche Wutregeln wohl auf dem Plakat stehen. Was hilft gegen die Wut? Die Spielleitung macht sich Notizen zu den Ideen der Kinder und bringt ggf. weitere Ideen mit ein.

Am Ende erstellen alle zusammen das Plakat, auf dem sie ihre Wutregeln aufmalen. Die Spielleitung ergänzt ggf. kurze Überschriften oder Stichworte. Das Plakat wird in der Gruppe aufgehängt und die Regeln werden im Alltag ausprobiert.

Das Plakat kann folgende Inhalte berücksichtigen:

Was tue ich sofort, wenn ich wütend bin?

- Tief Luft holen und bis Zehn zählen
- Fäuste ballen und mit dem Fuß aufstampfen
- Den Raum verlassen und draußen laut schreien
- Dreimal um einen Baum rennen
- Boxsack benutzen
- Niemandem weh tun
- Niemanden anschreien oder beschimpfen
- Nichts kaputt machen

Was tue ich später?

- Ich überlege, warum ich wütend geworden bin.
- Ich erzähle einer Erzieherin, was passiert ist.
- Ich erkläre anderen, mit denen ich mich gestritten habe, warum ich wütend geworden bin.
- Wir suchen gemeinsam nach einer Lösung.
- Wenn ich jemandem weh getan, ihn angeschrien oder beschimpft habe, entschuldige ich mich.
- Wenn ich etwas kaputt gemacht habe, räume ich auf oder überlege mit einer Erzieherin, wie wir es reparieren können.

Variante

Die Kinder stellen Konfliktsituationen im Rollenspiel nach und erarbeiten gemeinsam Lösungsansätze, z. B.:

- Es gibt nur ein rotes Auto, aber zwei Kinder wollen gleichzeitig damit spielen und geraten darüber in Streit. Was ist zu tun? …
- Mehrere Kinder halten sich nicht an die Regel: *„Wir klettern nicht auf die Fensterbank und springen von dort herunter!"* Ein Kind beobachtet sie und weist sie auf die Regel hin. Sie geraten in Streit. Was ist zu tun? …

WUTREGELN

① 1,2,3,4, 5,6,7,8, 9,10

② ③ ④ 3x

⑤ ⑥ ⑦ ⑧

Ich bin wütend

Dieses Bewegungsspiel hat sich beim Umgang mit Konfliktsituationen und beim Abreagieren von Wut bewährt.

Alter: ab 4 Jahren

Beobachtungsschwerpunkte: Emotionale Reife, Konfliktsituationen, Frustrationstoleranz, Kooperationsverhalten, Regelverhalten, Wohlbefinden in Spielsituationen, Engagiertheit beim Spiel

Die Spielleitung und die Kinder sitzen um einen großen Tisch herum, sprechen gemeinsam den Text und machen die passenden Bewegungen dazu.

*Ich bin wütend und mach' Krach,
da werdet ihr gleich alle wach.
Ich werde jetzt noch mal genauer:
Ich bin sauer, sauer, sauer!*

mit den Fäusten rhythmisch auf den Tisch trommeln, laut sprechen

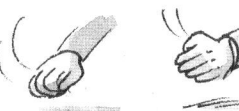   

*Beide Hände trommeln wild,
doch bei jeder Wut, da gilt:
Niemand wird von mir verletzt*

mit den Fäusten rhythmisch auf den Tisch trommeln, laut sprechen

mit der flachen Hand rhythmisch auf den Tisch trommeln, etwas leiser sprechen

und nichts zerstört, das ist Gesetz!

Denn es kann auch anders geh'n,   mit der flachen Hand rhythmisch auf den Tisch trommeln,
hier könnt ihr es selber seh'n: leiser sprechen
Die Hände trommeln leiser,   mit der flachen Hand leiser trommeln und flüstern
ich flüster', sonst werd' ich heiser.

Jetzt streichel ich nur noch das Holz,   mit der flachen Hand über den Tisch streichen, normal sprechen
bin erleichtert und auch stolz:
Ich hab's geschafft, die Wut besiegt –
schau, ob du das auch hinkriegst.

Hinweis: In konkreten Konflikt- oder Wutsituationen ist das Spiel eine Variante, den Kindern zu helfen ihre Wut körperlich abzureagieren. Danach lassen sich kontrollierter, ruhiger und entspannter Lösungsansätze sammeln und Gespräche führen. In dieser Phase entstehen viele Beobachtungssituationen.

Ich bin stark

Ein Lied, das zwischendurch zur Auflockerung oder themenzentriert eingesetzt werden kann. Es stärkt das Selbstvertrauen und macht gute Laune.

1. Ich bin stark, ich bin schlau, ich bin fit! Ich lauf' drei-mal hier ums Haus, zie-he

mich al-lei-ne aus. Ich bin stark, ich bin schlau, ich bin fit!

2. *Ich bin stark, ich bin schlau, ich bin fit!*
Zähne putzen – kein Problem,
ich kann auf einem Bein auch steh'n.
Ich bin stark, ich bin schlau, ich bin fit!

3. *... Frag mich, denn ich weiß Bescheid,*
und ich spring auch ziemlich weit ...

4. *... Ich kann zählen, das ist klar,*
malen geht auch wunderbar ...

5. *... Ich trag' Bücher, an die Zehn,*
und kann super rückwärtsgeh'n ...

6. *... Ich bau' Burgen, nur aus Sand,*
ja, ich kann so allerhand ...

Alter: ab 4 Jahren
Beobachtungsschwerpunkte: Selbstbewusstsein / Selbstvertrauen, Wohlbefinden in Spielsituationen, Engagiertheit beim Spiel

Die Spielleitung und die Kinder singen das Lied im Stuhlkreis und machen zum Refrain folgende Bewegungen:

Ich bin stark,   Muskeln zeigen
ich bin schlau,   an die Stirn tippen
ich bin fit!   in die Luft springen

Im Anschluss an das Lied zählen die Kinder auf, was sie selbst besonders gut können. Sie überlegen, ob ihnen auch Talente von anderen Kindern einfallen und wie sich die verschiedenen Talente ergänzen.

Die Bisschens

In einer Kleingruppe lassen sich bei dieser Aktivität viele Beobachtungen im Bereich Sozial- & Spielverhalten machen.

Alter: ab 4 Jahren
Anzahl: max. 8 Kinder
Material: braune und grüne Tücher, Legematerialien (kleine Astscheiben, Muggelsteine, halbe Holzwäsche-klammern, Holzplättchen in verschiedenen Farben und Größen, Eisstiele aus Holz usw.), Malsachen
Beobachtungsschwerpunkte: Charakteristisches Verhalten, Selbstbewusstsein / Selbstvertrauen, Warten, bis man an der Reihe ist, Kooperations-verhalten, Wohlbefinden in Spielsituationen Engagiertheit beim Spiel

Aus den braunen Tüchern wird zusammen mit den Kindern ein Baumstamm gelegt. Die grünen Tücher bilden die Baumkrone. Alle Kinder setzen sich um das Bodenbild. Gemeinsam mit der Spielleitung überlegen sie, wie ein Baumhaus aussieht. Nacheinander be-nutzt jedes Kind eines der Legematerialien, um einen Teil des Baumhauses zu ergänzen, bis ein Gesamtbild entsteht. Die Spielleitung achtet darauf, dass die Kinder sich gegenseitig aussprechen lassen und warten, bis sie an der Reihe sind, das Bodenbild zu ergänzen. Die Spielleitung erzählt ihnen von der Familie mit dem Namen „Die Bisschens", die in einem Baumhaus wohnt.

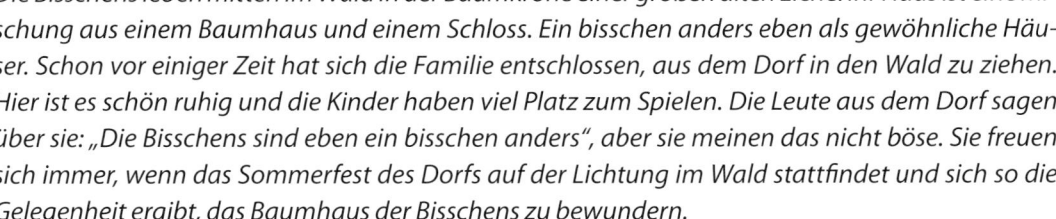

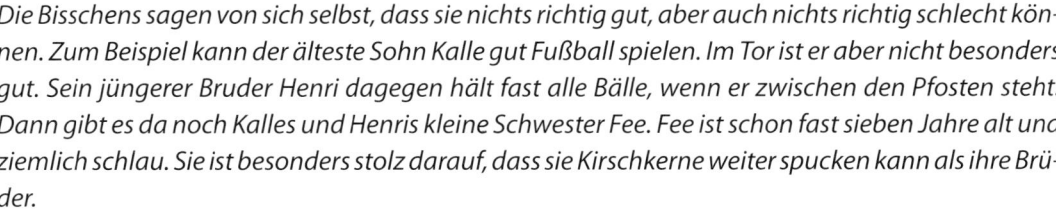

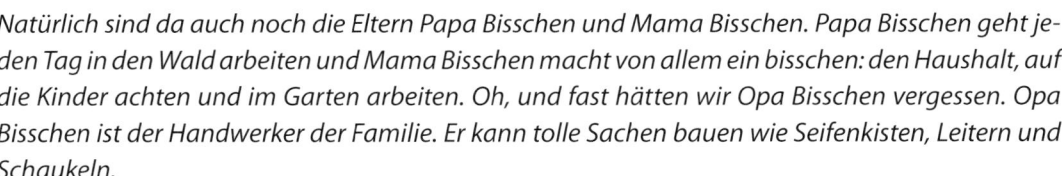

Die Bisschens leben mitten im Wald in der Baumkrone einer großen alten Eiche. Ihr Haus ist eine Mischung aus einem Baumhaus und einem Schloss. Ein bisschen anders eben als gewöhnliche Häuser. Schon vor einiger Zeit hat sich die Familie entschlossen, aus dem Dorf in den Wald zu ziehen. Hier ist es schön ruhig und die Kinder haben viel Platz zum Spielen. Die Leute aus dem Dorf sagen über sie: „Die Bisschens sind eben ein bisschen anders", aber sie meinen das nicht böse. Sie freuen sich immer, wenn das Sommerfest des Dorfs auf der Lichtung im Wald stattfindet und sich so die Gelegenheit ergibt, das Baumhaus der Bisschens zu bewundern.

Die Bisschens sagen von sich selbst, dass sie nichts richtig gut, aber auch nichts richtig schlecht können. Zum Beispiel kann der älteste Sohn Kalle gut Fußball spielen. Im Tor ist er aber nicht besonders gut. Sein jüngerer Bruder Henri dagegen hält fast alle Bälle, wenn er zwischen den Pfosten steht. Dann gibt es da noch Kalles und Henris kleine Schwester Fee. Fee ist schon fast sieben Jahre alt und ziemlich schlau. Sie ist besonders stolz darauf, dass sie Kirschkerne weiter spucken kann als ihre Brüder.

Natürlich sind da auch noch die Eltern Papa Bisschen und Mama Bisschen. Papa Bisschen geht jeden Tag in den Wald arbeiten und Mama Bisschen macht von allem ein bisschen: den Haushalt, auf die Kinder achten und im Garten arbeiten. Oh, und fast hätten wir Opa Bisschen vergessen. Opa Bisschen ist der Handwerker der Familie. Er kann tolle Sachen bauen wie Seifenkisten, Leitern und Schaukeln.

Wie in jedem Jahr findet natürlich auch in diesem Sommer ein großes Dorffest statt. Heute bringt der Briefträger die Einladung zu den Bisschens. Kalle entdeckt den Brief als erster und liest ihn seinen Geschwistern laut vor: „Ankündigung: Am morgigen Sonntag findet auf der großen Lichtung des Waldes unser Sommerfest statt. Natürlich tragen wir auch wieder einen Wettbewerb aus. Er steht unter dem Motto: ‚Welche Familie schafft das?‘ Alle Familien, die am Fest oder am Wettbewerb teilnehmen möchten, sollen sich um Punkt zwölf Uhr auf der Lichtung einfinden!"

„Das ist ja super", sagt Henri, „da machen wir natürlich mit!" Gesagt – getan. Um zwölf Uhr am nächsten Tag findet sich die ganze Familie Bisschen auf der großen Lichtung ein. Dort haben sich schon viele Familien versammelt und warten gespannt auf die Wettbewerbsaufgabe. Endlich tritt die Bürgermeisterin des Dorfes in die Mitte der Lichtung und hält eine Ansprache: „Liebe Familien, das Wettbewerbskomitee und ich haben uns folgende Aufgabe für den Wettbewerb ausgedacht: Im Wald sind verschiedene bunte Bälle in den Bäume versteckt. Jede Familie hat jetzt die Aufgabe, so viele Bälle wie möglich zu finden und diese hier zu dieser Lichtung zu bringen. Wer nach Ablauf einer Stunde die meisten Bälle gefunden hat, ist Sieger. Wie jedes Jahr winkt der Siegerfamilie ein toller Preis. Sobald ich hier in meine Trillerpfeife blase, beginnt das Spiel. Ich wünsche euch allen viel Glück."

Die Bürgermeisterin setzt die Trillerpfeife an den Mund und bläst einmal kräftig hinein. Im selben Augenblick laufen alle Familien in den Wald auf der Suche nach den Bällen. Die Lichtung ist wie leer gefegt – nur Familie Bisschen steht noch dort und schaut sich ratlos an. Kalle sagt: „Puh, da haben wir doch keine Chance. Habt ihr Familie Sauseschritt gesehen? Die sind immer schon besonders schnelle Läufer gewesen, die werden die Bälle in Windeseile herbringen." – „Oder Familie Adlerauge", seufzt Henri, „die können eine Fliege aus 100 m Entfernung auf einem Blatt hüpfen sehen, so gute Augen haben die. Familie Adlerauge wird die Bälle ganz sicher als erste entdecken."

„Jetzt seid aber mal still", ruft Fee dazwischen. „Wir sind doch die Bisschens, die Familie, die von allem ein Bisschen kann. Wir machen es so: Papa kennt sich gut im Wald aus. Also kann er am besten die Bälle in den Bäumen finden. Opa ist der Handwerker, deshalb wird er jetzt schnell eine Leiter

bauen. Mama ist geübt darin, jeden Tag viele Male vom Baumhaus herunter und wieder hinauf zu klettern, wenn sie die Wäsche aufhängt oder Einkäufe gemacht hat, also wird sie auf die Bäume klettern und die Bälle herunterwerfen. Und ich werde sie mit meinem Rock auffangen." – "Aber wir sind doch viel zu langsam", wirft Henri ein, "wir schaffen das nie, die Bälle als erste zur Lichtung zu bringen." Da meldet sich Kalle: "Aber ich weiß, wie wir das schaffen. Henri, du bist doch ein guter Torwart und ich bin ein guter Torschütze! Ich werde die Bälle zu dir schießen und du fängst sie auf." Da geht ein Grinsen über Henris Gesicht. "So machen wir es!" sagt er begeistert. Und sofort machen sich alle Bisschens an ihre Aufgaben. Opa Bisschen hat ruck, zuck eine Leiter aus Ästen gebaut, während Papa Bisschen schon etliche Bälle in den Bäumen erspäht. Mama Bisschen klettert so schnell wie ein Eichhörnchen auf die Bäume und wirft die Bälle hinunter zu Fee, die sie geschickt mit ihrem Rock auffängt. Kalle schießt die Bälle zu Henri, der sich an der Lichtung positioniert hat. Er fängt alle Bälle auf und legt sie nebeneinander in eine lange Reihe.

Da ertönt plötzlich ein lauter Pfiff und die Stimme der Bürgermeisterin ist zu hören. "Aus, Schluss, vorbei, die Stunde ist um! Wir werden jetzt die Bälle zählen." Alle Familien haben sich wieder auf der Lichtung eingefunden und warten gespannt auf das Endergebnis. Schließlich tritt die Bürgermeisterin wieder in die Mitte und räuspert sich: "Also, dieses Jahr ist es wirklich sehr knapp, wir mussten zweimal nachzählen, um wirklich keinen Fehler zu machen, aber jetzt steht das Ergebnis fest: Die Bisschens siegen mit einem Ball Vorsprung vor der Familie Sauseschritt auf dem zweiten und Familie Adlerauge auf dem dritten Platz!"

Jetzt jubeln die Bisschens und liegen sich in den Armen vor Freude. Die anderen Familien kommen zum Gratulieren vorbei und finden anerkennende Worte dafür, wie toll die Bisschens zusammengearbeitet haben. Schließlich kommt auch die Bürgermeisterin und überreicht den Bisschens ihren Preis: Jeder bekommt eine goldene Medaille und einen großen Korb mit Äpfeln, den Kalle und Henri stolz nach Hause tragen. "Seht ihr", sagt Opa Bisschen, "man muss gar nicht alles können. Es reicht, wenn jeder aus der Familie ein bisschen was kann. Wenn man dann sein Können zusammenträgt, reicht es sogar für einen Sieg!" – "Ja, ja", schmatzt Fee, die schon auf einem Apfel kaut. "So sind die Bisschens nun mal."

Mit den Kindern schließt sich ein Gespräch darüber an, was sie selbst am besten – oder auch ein bisschen – können. Jedes Kind malt eines seiner Talente auf und das entstandene Werk wird in die Bildungsdokumentation geheftet.

Hallo kleiner Hase

Alter: ab 3 Jahren
Beobachtungsschwerpunkte: Charakteristisches Verhalten, Selbstbewusstsein / Selbstvertrauen, Warten, bis man an der Reihe ist, Kontaktaufnahme mit Gleichaltrigen, Regelverhalten, Wohlbefinden in Spielsituationen, Engagiertheit beim Spiel

Die Kinder kommen im Kreis zusammen. Ein Kind geht als Hase in die Mitte und macht die Bewegungen, die im Text angegeben sind. Die anderen Kinder sprechen den Text zusammen mit der Spielleitung.
Bei der Zeile: *„Husche wie der Wind zu einem and'ren Kind"* stellt sich das Hasen-Kind vor ein anderes Kind. Bei der letzten Zeile winken alle Kinder dem Hasen-Kind zu. Danach tauscht dieses mit dem Kind vor ihm die Rolle für die nächste Runde.

Hallo kleiner Hase,
rümpf mal deine Nase,
wackle mit dem Ohr
und tritt ein Stückchen vor.

Schlackre mit dem Arm,
dann wirst du ganz schnell warm.
Hüpfe hin und her,
das ist gar nicht schwer!

Husche wie der Wind
zu einem and'ren Kind.
Wackle mit den Zeh'n,
und tschüss, jetzt kannst du geh'n!

Lasterfahren

Alter: ab 3 Jahren
Anzahl: max. 10 Kinder
Material: Handtuch, kleine Bälle (Softtennisbälle, Bällchenbad, Tischtennisbälle etc.)
Beobachtungsschwerpunkte: Charakteristisches Verhalten, Selbstbewusstsein / Selbstvertrauen, Frustrationstoleranz, Warten, bis man an der Reihe ist, Kontaktaufnahme mit Gleichaltrigen, Kooperationsverhalten, Regelverhalten, Wohlbefinden in Spielsituationen, Engagiertheit beim Spiel

Die Kinder bilden mit der Spielleitung im Bewegungsraum einen großzügigen Kreis im Stehen und ein Kind stellt sich in die Mitte. Es sucht sich ein weiteres Kind aus, das mit ihm einen Lastwagen darstellt. Dazu bekommen die Kinder das Handtuch und fassen es beide an einer Schmalseite mit beiden Händen an, sodass es gespannt ist.
Die Spielleitung verteilt die Bälle an die anderen Kinder. Zu der Melodie von *„Alle meine Entchen"* singen sie den folgenden Text:

Der Laster, der soll fahren
immerzu im Kreis, immerzu im Kreis,
wird jetzt vollgeladen,
komm, hilf du dabei!

Die Lastwagen-Kinder gehen zum Lied durch den Kreis. Bei *„komm, hilf du dabei"* bleiben sie vor einem Kind stehen, das seinen Ball auf dem Handtuch, der Ladefläche des Lastwagens, ablegt. Dann wird das Lied erneut gesungen, bis alle Kinder ihren Ball aufladen konnten.

Alle Kinder rufen gemeinsam: *„abladen"*. Daraufhin schwingen die beiden Lastwagen-Kinder das Handtuch in die Höhe, sodass alle Bälle in die Luft geschleudert werden. Alle Kinder rennen hinter den Bällen her und sammeln sie wieder ein für eine weitere Runde mit neuen Lastwagen-FahrerInnen.

Hinweis: Beobachtungssituationen entstehen bei diesem Spiel z. B. bei der Kooperation der beiden Lastwagen-Kinder: Sie müssen sich aufeinander einstellen, damit keine Bälle während der Fahrt vom Tuch fallen, sie müssen sich einigen, in welche Richtung der Lastwagen fahren und vor welchem Kind, das noch einen Ball hat, er stehen bleiben soll. Auch beim Wiederaufsammeln der Bälle lassen sich Beobachtungen zum Verhalten der Kinder machen, z. B. zur Engagiertheit.

Varianten für ältere Kinder

- Die Kinder im Kreis bilden Paare und halten sich an den Händen. Wenn der Lastwagen „abgeladen" wurde, laufen diese Paare gemeinsam los, um ihre Bälle wieder einzusammeln. Schaffen sie das, ohne einander loszulassen?
- Jedes Kind bekommt zwei Bälle, die es gleichzeitig auf das Handtuch lädt. Der Lastwagen wird dadurch viel schneller voll und die Ladung wird wackliger. Bei welchem Kind fällt ein Ball herunter? Oder geht ein Ball auf der weiteren Fahrt des Lastwagens verloren? Fällt der dritte Ball – oder drei Bälle gleichzeitig – auf den Boden, erfolgt das „Abladen".

Wasserbombe

Ein kooperatives Spiel für den Außenbereich!

Alter: ab 5 Jahren
Material: 2 Luftballons pro Kind, Wäschewanne, Stehleiter, Karton, Zeitung, Wolle, Heu, Stroh, Watte, Tüten, Papier, Korken, Stoffreste, Küchenrolle, Klebeband, Klebstoff, Fotokamera
Beobachtungsschwerpunkte: Charakteristisches Verhalten, Selbstbewusstsein / Selbstvertrauen, Frustrationstoleranz, Warten, bis man an der Reihe ist, Kontaktaufnahme mit Gleichaltrigen, Kooperationsverhalten, Regelverhalten, Wohlbefinden in Spielsituationen, Engagiertheit beim Spiel

Vorbereitung

Die Spielleitung füllt alle Luftballons mit Wasser und legt die Wasserbomben in der Wäschewanne bereit. Die Wanne wird draußen aufgestellt und daneben auf ebenem Untergrund die Leiter platziert. Die anderen Materialien werden in Sichtweite bereitgelegt.

Spielablauf

Die Kinder stellen sich in einem Halbkreis um die Leiter herum auf. Die Spielleitung zeigt ihnen, wie sie sicher auf die Leiter steigen. Sie demonstriert, dass die Luftballons zerplatzen, wenn sie von der Leiter aus auf den Boden fallen. Jedes Kind probiert es aus und lässt ebenfalls einen Ballon herunterfallen. Dabei stellt sich die Spielleitung hinter das Kind, wenn es auf der Leiter steht, und reicht ihm den Ballon an.

Die Kinder bilden Paare und erhalten eine neue Wasserbombe. Ihre Aufgabe ist es, diese so zu schützen, dass sie nicht zerplatzt, wenn sie von der Leiter auf den Boden fällt. Dafür stehen die verschiedenen Materialien zum Verpacken und Umhüllen der Ballons zur Verfügung. Sollte den Kindern Material fehlen, können sie z. B. Gras, Stöcke, Sand, Laub etc. auf dem Außengelände sammeln.

Die Partnerkinder überlegen gemeinsam, wie sie ihre Wasserbombe schützen können, probieren aus und experimentieren mit den verschiedenen Materialien. Sind sie mit dem Ergebnis zufrieden, probieren sie es auf der Leiter aus und lassen den Ballon fallen. Geht er kaputt, können sie nachbessern und bekommen einen weiteren Ballon.

Alle Kinder sollten zum Schluss ein Erfolgserlebnis haben. Die Spielleitung unterstützt dabei so wenig wie möglich, regt aber ggf. die Hilfestellung durch andere Kinderpaare an: Bei wem hat es schon geklappt? Wie sieht der geschützte Ballon dieses Paares aus? Können diese Kinder andere beraten? …

Hinweis: Die Spielleitung macht Fotos von der Aktivität und den Verpackungskünsten. Diese Fotos eignen sich hervorragend zur Ergänzung der Bildungsdokumentation.

Weitere Spielanlässe zum Sozial- & Spielverhalten

- Verschiedenste Verkleidungen, Accessoires und Gegenstände zum **Rollenspiel** anbieten, z. B. im Friseurladen, in der Arztpraxis, im Büro, in der Schule, im Kaufladen …
- **Bildergeschichten** mit sozialem Inhalt regen zur Diskussion und zum Weiterdenken an.
- Es gibt zahlreiche **Kooperationsspiele**, z. B. mit dem Schwungtuch, mit dem Erdball, mit Seilen, mit einem Partner … Eine breite Auswahl findet sich unter:
  www.schwungtuch-spiele.de
  www.gruppenspiele-hits.de/sonstige-spiele.html
  www.bdkj-bayreuth.de/joomla/index.php/spiele/kooperationsspiele
  www.schule.at/index.php?url=themen&top_id=898
- Die Kinder übernehmen **Aufgaben im Kindergarten,** z. B. Blumen gießen, Tiere füttern, Pate eines jüngeren Kindes sein, Frühstückstisch decken etc. Hierbei ist die **Vorbildfunktion** der pädagogischen Fachkräfte hervorzuheben – wie insgesamt beim Thema Sozialverhalten.
- Auch **Raumgestaltung** und **Gruppenzusammensetzung** haben Auswirkungen auf das Sozialverhalten. Förderlich sind z. B. das Schaffen von Rückzugsmöglichkeiten und ausreichendem Bewegungsraum, überschaubare Kindergruppen, ausgewogene Altersmischung der Kinder etc.

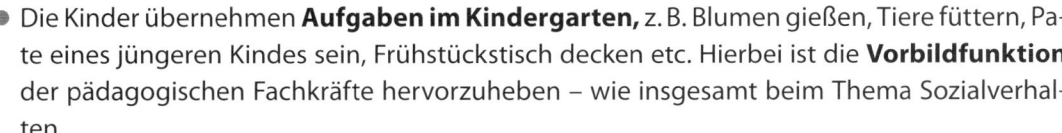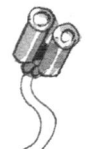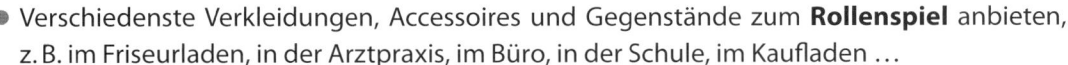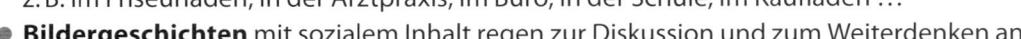

Dokumentationstabelle Sozial- & Spielverhalten

Name & Alter der Kinder: 1.   2.   3.   4.

Frage	Beobachtungs-schwerpunkt	Spielanlass	Name	Datum	Beobachtung
			Sozialverhalten		
Kann sich das Kind in der Bringphase gut von seinen Bezugspersonen trennen?	Loslösungserfahrungen				
Übernimmt das Kind in der Körperpflege viele Dinge selbstständig (Toilettengang, Hände waschen, Zähne putzen etc.)?	Körperhygiene				
Ist das Kind gut in die Gruppe integriert?	Integration in die Gruppe				

Frage	Beobachtungs-schwerpunkt	Spielanlass	Name	Datum	Beobachtung
Geht das Kind mit einer angemessenen Zurückhaltung auf fremde Personen/Situationen zu?	Umgang mit Fremden				
Übernimmt das Kind Aufgaben im Kindergarten und führt diese korrekt aus (Blumen gießen, Nachrichten übermitteln, Dinge herbeiholen etc.)?	Übernahme von Verantwortung				
Interessiert sich das Kind für religiöse Themen/Ethik und nimmt motiviert an diesen Angeboten teil (religiöse Feste im Jahreskreis, religiöse Geschichten, Wertevermittlung/Ethik)?	Religion/Ethik				
Welches Verhalten zeigt das Kind im Alltag (dominant, zurückhaltend, ängstlich, neugierig etc.)?	Charakteristisches Verhalten	Die Wutregeln → S. 107 Die Bisschens → S. 111 Hallo kleiner Hase → S. 114 Lasterfahren → S. 114 Wasserbombe → S. 115			

Frage	Beobachtungs-schwerpunkt	Spielanlass	Name	Datum	Beobachtung
Zeigt das Kind ein angemessenes Selbstbewusstsein/ Selbstvertrauen?	Selbstbewusstsein/ Selbstvertrauen	Ich bin stark → S. 110 Die Bisschens → S. 111 Hallo kleiner Hase → S. 114 Lasterfahren → S. 114 Wasserbombe → S. 115			
Welche emotionale Reife zeigt das Kind (kann es Emotionen der ErzieherInnen/Kinder einschätzen, seine eigenen Gefühle mitteilen, besitzt es Empathie)?	Emotionale Reife	Der frohe Floh → S. 106 Die Wutregeln → S. 107 Ich bin wütend → S. 109			
Wie verhält sich das Kind in Konfliktsituationen?	Konfliktsituationen	Die Wutregeln → S. 107 Ich bin wütend → S. 109			
Ist die Frustrationstoleranz angemessen ausgeprägt (verlieren eines Spiels, die Lieblingsrolle beim Rollenspiel nicht bekommen ...)?	Frustrationstoleranz	Die Wutregeln → S. 107 Ich bin wütend → S. 109 Lasterfahren → S. 114 Wasserbombe → S. 115			

Frage	Beobachtungs-schwerpunkt	Spielanlass	Name	Datum	Beobachtung
Wartet das Kind, bis es an der Reihe ist?	Warten, bis man an der Reihe ist	Die Bisschens → S. 111 Hallo kleiner Hase → S. 114 Lasterfahren → S. 114 Wasserbombe → S. 115			
Kann es gut Kontakt zu anderen Kindern aufnehmen?	Kontaktaufnahme mit Gleichaltrigen	Der frohe Floh → S. 106 Hallo kleiner Hase → S. 114 Lasterfahren → S. 114 Wasserbombe → S. 115			
Kooperiert das Kind in Spielsituationen oder bei Meinungsverschiedenheiten mit den ErzieherInnen und anderen Kindern?	Kooperationsverhalten	Ich bin wütend → S. 109 Die Bisschens → S. 111 Lasterfahren → S. 114 Wasserbombe → S. 115			
Hält sich das Kind an bestehende Regeln?	Regelverhalten	Die Wutregeln → S. 107 Ich bin wütend → S. 109 Hallo kleiner Hase → S. 114 Lasterfahren → S. 114 Wasserbombe → S. 115			

Frage	Beobachtungs-schwerpunkt	Spielanlass	Name	Datum	Beobachtung
		Spielverhalten			
Welches Stadium des Spiels zeigt das Kind in den unterschiedlichen Spielbereichen (soziales oder kollektives Rollenspiel, Werkreife, Symbolstadium, Nachahmungsspiel etc.)?	Stadien des Spiels				
Welche Spielpartner hat das Kind?	Bevorzugte Spielpartner				
Zeigt das Kind Vorlieben/ Interessen/Talente für bestimmte Bereiche (musisch/ gestalterisch/sportlich)?	Vorlieben				

Frage	Beobachtungs-schwerpunkt	Spielanlass	Name	Datum	Beobachtung
Welche Spielbereiche bevor-zugt das Kind (Bauecke, Kreativbereich etc.)?	Bevorzugte Spielbereiche				
Entwickelt das Kind Ausdauer in verschiedenen Spielberei-chen (Puppenecke, Bauecke, Kreativbereich …)?	Ausdauer in Spielberei-chen				
Fühlt sich das Kind im Spiel, bei angeleiteten Aktivitäten etc. in der Einrichtung wohl?	Wohlbefinden in Spiel-situationen	Der frohe Floh → S. 106 Die Wutregeln → S. 107 Ich bin wütend → S. 109 Ich bin stark → S. 110 Die Bisschens → S. 111 Hallo kleiner Hase → S. 114 Lasterfahren → S. 114 Wasserbombe → S. 115			
Engagiert sich das Kind bei angeleiteten Aktivität, beim Spielen in der Einrichtung?	Engagiertheit beim Spiel	Der frohe Floh → S. 106 Die Wutregeln → S. 107 Ich bin wütend → S. 109 Ich bin stark → S. 110 Die Bisschens → S. 111 Hallo kleiner Hase → S. 114 Lasterfahren → S. 114 Wasserbombe → S. 115			

Frage	Beobachtungs-schwerpunkt	Spielanlass	Name	Datum	Beobachtung
Hat das Kind eigene Spiel-ideen, ist es motiviert und setzt neue Ideen in den Spielbereichen und bei angeleiteten Aktivitäten um?	Eigene Spielideen	Die Wutregeln → S. 107			

Anhang

Register

Literatur

Allgemeines zum Thema Dokumentation

Beller, Kuno: Entwicklungstabelle. Modifizierte Fassung Juli 2000. Freie Universität Berlin.

Jacobs, Dorothee: Kreative Dokumentation. Dokumentationsmethoden für Kindertageseinrichtungen. Berlin/Düsseldorf/Mannheim (Cornelsen Scriptor) 2006.

Krok, Göran / Lindewald, Maria: Portfolios im Kindergarten – das schwedische Modell. Mülheim an der Ruhr (Verlag an der Ruhr) 2005.

Laewen, Hans-Joachim: Grenzsteine der Entwicklung als Grundlage eines Frühwarnsystems für Risikolagen in Kindertageseinrichtungen. In: Diskowski, D./ Pesch, L. (Hrsg.): Familien stützen – Kinder schützen. Was Kitas beitragen können. Weimar/Berlin 2008. S. 190-198.

Leu, Hans R. u. a.: Bildungs- und Lerngeschichten. Bildungsprozesse in früher Kindheit beobachten, dokumentieren und unterstützen. Kiliansroda (Verlag Das Netz) 2007.

Schubert-Suffrian, Franziska: Die gängigsten Beobachtungsverfahren auf einen Blick. In: Kindergarten heute. 10/2009. S. 12–18.

Thierling-Hellweg, Elke: Fähigkeiten wahrnehmen – Stärken stärken. Ein Hand(lungs)buch zur Erstellung von Bildungsdokumentationen im Kindergarten. Münster (Ökotopia) 2007.

Wagner, Yvonne: Der Weg zum Kita-Portfolio. Dokumentationen im Team entwickeln. Troisdorf (Bildungsverlag-EINS) 2009.

Motorik

Friedl, Johanna: Pi-Pa-Purzelbaum. Spielerische Bewegungsförderung für Kinder. München (Kösel) 2001.

Hemming, Antje / Bierögel, Sybille: Sternstunden im Kinderturnen. Fantastisches Erlebnisturnen mit 64 Geräte-Karten, komplettem Stundenbildern und zahlreichen Fotobeispielen. Münster (Ökotopia) 2006.

Mühlenberg, Gisela: Kritzeln – Schnipseln – Klecksen. Erste Erfahrungen mit Farbe, Schere und Papier und lustige Ideen zum Basteln mit Kindern ab 2 Jahren. Münster (Ökotopia) 1996.

Zimmer, Renate: Kreative Bewegungsspiele. Psychomotorische Förderung im Kindergarten. Freiburg (Herder) 1998.

Sprache

Monschein, Maria: Spiele zur Sprachförderung. Band 1 und 2. München (Don Bosco) 2008.

Morgenthau, Lena: Bildkarten zur Sprachförderung. Was stimmt hier nicht? Mülheim an der Ruhr (Verlag an der Ruhr) 2008.

Roß, Gabriele / Erker, Robert: Lustiges Sprechzeichnen: Eine spielerische Sprachförderung. 24 Hexengeschichten und dazu passende Übungszeichen. München (Pattloch) 2000.

Kognition

Friedrich, Gerhard/ de Galgóczy, Viola: Komm mit ins Zahlenland. Eine spielerische Entdeckungsreise in die Welt der Mathematik. Freiburg (Urania) 2008.

Friedrich, Gerhard / de Galgóczy Viola / Spanjardt, Eva: Komm mit ins Farbenland. Eine spielerische Entdeckungsreise in die Welt der Farben. Freiburg (Urania) 2007.

Hecker, Joachim / Hein, Sybille: Das Haus der kleinen Forscher. Hamburg (Rowohlt) 2008.

Wahrnehmung

Frank, Annegret: Streicheln, Spüren, Selbstvertrauen. Massagen, Wahrnehmungs- und Interaktionsspiele, Entspannungsgeschichten und Atemübungen zur Förderung des Körperbewusstseins. Münster (Ökotopia) 2003.

Günther, Sybille: Das Wahrnehmungsspiele-Buch. Über 250 praxiserprobte Wahrnehmungspiele für alle Gelegenheiten, für jedes Alter. Münster (Ökotopia) 2010.

Müller, Else: Träumen auf der Mondschaukel. Autogenes Training mit Märchen und Gute-Nacht-Geschichten. München (Kösel) 1993.

Musik & Rhythmik

Hirler, Sabine: Rhythmik – Spielen und Lernen im Kindergarten. Bildung durch ganzheitliche Musikerziehung. Weinheim (Beltz) 2005.

Seippel, Elisabeth: Tanzen im Kindergarten. Kindertänze werden in Themen der Kindergartenarbeit eingebunden. Boppard (Fidula) 2000.

Zimmer, Renate / Vahle, Fredrik: Ping, Pong, Pinguin. Spiel- und Bewegungslieder zur psychomotorischen Förderung. Freiburg (Herder) 2000.

Sozial- & Spielverhalten

Faller, Kurt u. Sabine: Kinder können Konflikte klären. Mediation und soziale Frühförderung im Kindergarten – ein Trainingshandbuch. Münster (Ökotopia) 2002.

Köhler-Holle, Stefan: Schwingelige Abenteuer. Spiele mit dem Schwungtuch für 4- bis 8-Jährige. Mülheim an der Ruhr (Verlag an der Ruhr) 2010.

Liebertz, Charmaine: Das Schatzbuch der Herzensbildung. München (Don Bosco) 2004.

Internetseiten

- www.eltern-helfen-eltern.org/service/Eckpunkte derBildungsdokumentation.pdf
- www.bildungsserver.de
- www.dji.de/cgi-bin/projekte/output.php?projekt=479
- www.lvr.de/Jugend/jugendaemter/fortbildungen leitung/kindergartengesetz_referentenentwurf_.pdf

Die Autorin

Nina Held, Jg. 79, ist Erzieherin und hat viele Jahre in einem Kindergarten in Bocholt gearbeitet. Während dieser Zeit hat sie an verschiedenen Fortbildungen teilgenommen, z. B. zur qualifizierten Bewegungsbeobachtung von Kindern, „Mit Klang und Rhythmus durch die Jahreszeiten", „Theaterprojektarbeit-Schwarzlichttheater" u. v. m. Außerdem hat die Mutter von zwei Kindern in ihrem Praxisalltag verschiedene Möglichkeiten zur Bildungsdokumentation entwickelt und getestet.

Gemeinsam mit ihrem Mann Sebastian Held ist sie die Entwicklerin der Bildungsdokumentationssoftware **GABIP (www.gabip.de).** Zur Anwendung dieser Software gibt sie seit 2007 Fortbildungen.

Die Illustratorin

Kasia Sander, geboren 1964 in Gdynia (Polen), studierte an der Danziger Kunstakademie und machte 1993 ihr Diplom an der Fachhochschule für Design in Münster. Seitdem illustriert die Grafikdesignerin Bücher für diverse Verlage (Arena, Ökotopia, Schneider u. a.) und arbeitet seit 2006 als Karikaturistin für die Recklinghauser Zeitung. Darüber hinaus leitet sie Workshops in Ölmalerei und Zeichnung. Kasia Sander hat ihre Werke mehrfach in Gemeinschafts- und Einzelausstellungen präsentiert.